Dalai Lama

Mitgefühl und Weisheit

HERDER / SPEKTRUM
Band 4249

Das Buch

Weit über die Grenzen seiner eigenen Tradition hinaus gilt seine Heiligkeit der XIV. Dalai Lama als großer „Lehrer der Weisheit“. Für viele Menschen auch im Westen ist das geistliche und weltliche Oberhaupt der Tibeter zu einer spirituellen Symbolfigur und zum Brückenbauer zwischen den Kulturen und Religionen geworden. Vielen Suchenden bringt dieser Buddhist eine der großen Religionen nahe. In dem vorliegenden Gespräch mit der Journalistin Felizitas von Schönborn werden Persönlichkeit und Botschaft des Friedensnobelpreisträgers in ihrem Wesen verständlich wie kaum zuvor. Im Mittelpunkt stehen Fragen zur Person des Dalai Lama, zum Tibetischen Buddhismus und seiner Konfrontation mit der modernen Welt, zur Aufgabe und Dialogfähigkeit der Religionen, aber auch zur aktuellen weltpolitischen und ökologischen Entwicklung – und zu möglichen Auswegen und Lösungen. In einer Einleitung sowie in einem Analyseteil gibt Felizitas von Schönborn die nötigen Hintergrundinformationen und eine verständliche Einführung in die religiöse und philosophische Dimension des tibetischen Buddhismus. Für alle, die einen großen Menschen unserer Zeit aus nächster Nähe miterleben und seinen Einsatz für den Frieden unter den Menschen kennenlernen wollen, eine unentbehrliche Quelle.

Der Autor

Der XIV. Dalai Lama Tendsin Gyatso, geb. 1935, ist weltweit bekannt als spiritueller Führer. Er ist das geistliche und weltliche Oberhaupt der Tibeter. Träger des Friedensnobelpreises. In Herder/Spektrum: „Zeiten des Friedens“ (Band 4065); „Einführung in den Buddhismus“ (Band 4148); „Sehnsucht nach dem Wesentlichen“ (Band 4229).

Die Herausgeberin und Gesprächspartnerin

Felizitas von Schönborn, studierte Philosophie, Theologie und Psychologie. Sie ist als freie Journalistin bei der UNO in Genf akkreditiert. Zahlreiche Publikationen.

Dalai Lama

Mitgefühl und Weisheit

Ein großer Mensch
im Gespräch mit Felizitas von Schönborn

Herder
Freiburg · Basel · Wien

Originalveröffentlichung

Herstellung: Freiburger Graphische Betriebe 1994
Umschlaggestaltung: Joseph Pölzelbauer
Umschlagfoto: Jeff Reinking, © Focus
ISBN 3-451-04288-6

„Gib mir die Gelassenheit, Dinge hinzunehmen, die ich nicht ändern kann. Gib mir den Mut, Dinge zu ändern, die ich ändern kann. Und gib mir die Weisheit, das eine vom anderen zu unterscheiden“

(Friedrich Christoph Oetinger).

Inhalt

dauert den Tod – Von der doppelten Wahrheit – Ein Prinz zieht in die Hauslosigkeit – Dharma-Chakra, das Rad der Lehre – Der Buddhismus wird zur Weltreligion – Ein Paradigmenwechsel – Die Lehre Buddhas kommt nach Tibet – Der große Fünfte – Der Sangha prägt die Gesellschaft – Kein Lamaismus – Tulkus und andere erleuchtete Wesen – Makellos wie eine Diamant – Mantras sind heilige Silben – Von hungrigen Geistern und fliegenden Palästen – Das Rad des Lebens – Die strahlende Sonne der Freiheit – Tage der Angst, Nächte der Trauer – Die Wiedergeburt durchbricht alle Schranken – Die gerechte Gesellschaft – Gewalt und Gewaltlosigkeit – Schopenhauer, der „Buddhaist" – Ein buddhistischer Neubeginn? – Tibet und Europa – Sinnkrise im Westen – Ein Supermarkt für Sekten – An ihren Früchten sollt ihr sie erkennen – Liebe und Mitgefühl

I. Einführung

Der Dalai Lama lebt, was er lehrt

Ob in Paris, ob in Wien, ob in London oder Zürich, wenn der Dalai Lama kommt, strömen die Menschen in Scharen. Mögen die Beweggründe der Zuhörer auch unterschiedlich sein, jeder kann etwas von seinen Worten der Weisheit und des Mitgefühls mit nach Hause nehmen. Er trägt sie klar, verständlich und humorvoll vor. Wie wohl kaum jemand anders verkörpert der XIV. Dalai Lama heute für eine große Öffentlichkeit die östliche Weisheit und die buddhistische Weltsicht. In dieser Zeit, die süchtig nach Stars und Sensationen ist, fehlen die wirklichen Vorbilder, die echten Identifikationsfiguren, wie die Psychologen sagen. Das religiöse Oberhaupt der Tibeter lebt, was es lehrt. Das spüren die Menschen. „Alles Böse meiden, das Gute tun und das eigene Herz reinigen: das ist die Lehre des Buddhas."

Alle Erdteile hat er bereist, ist führenden Politikern und anderen wichtigen Persönlichkeiten, aber auch ganz einfachen Leuten begegnet und immer wieder zu dem Schluß gekommen, daß die Menschheit im Grunde eine große Familie ist. Ein alter Traum? Eine unerfüllbare Utopie? Für den Dalai Lama ist diese Sicht schon wegen der wachsenden weltweiten Vernetzungen und der globalen Bedrohungen der Menschheit zu einer Frage des Überlebens geworden. Den oft zitierten Satz von Rudyard Kipling „Ost ist Ost, und West ist West, die beiden werden sich nie treffen" scheint der Dalai Lama widerlegt zu haben.

Das Konzept für den friedlichen Umgang miteinander, so lehrt er, basiert auf einer einfachen Tatsache: Mögen die kulturellen Unterschiede noch so bedeutend und mannigfaltig sein, wir sind doch alle sterbliche Menschen, sehnen uns nach dem Glück und wollen unangenehme Erfahrungen und Leid vermeiden.

Wir alle unterliegen, wie die Franzosen so treffend sagen, der *condition humaine,* den menschlichen Existenzbedingungen. So spricht kein Politiker, der an seine Wiederwahl denkt, kein eifernder Missionar, sondern ein Anwalt der goldenen Regel der Menschlichkeit. Seine Botschaft liegt in der Aufforderung zum sittlich richtigen Verhalten gegenüber den anderen: „Was du nicht willst, das man dir tu, das füg auch keinem anderen zu." Die buddhistischen Gebote sind Richtlinien für einen Lebensstil, der alle befriedigen soll. Es ist ein „Mittlerer Weg", der Übertreibungen jeder Art vermeiden will, eine Mischung aus Offenheit und Zweifel.

Im großen Raum eines Hotels im internationalen Genf surrt es wie in einem Bienenstock. In vielen Sprachen werden Belanglosigkeiten zum Aperitif ausgetauscht. Hundert geladene Gäste haben sich eingefunden, um beim Mittagessen den Worten Seiner Heiligkeit des XIV. Dalai Lamas zu lauschen. Unüberhörbar tönt der Kommentar einer Amerikanerin: „The Dalai Lama he is such a funny little guy" (ein lustiges Kerlchen). Sie weiß zu berichten, er solle vor Lebensfreude nur so sprühen, ständig Scherze machen und über sich selbst lachen. Nach etlichen Ansprachen mit schönen Floskeln macht sich Müdigkeit im Vortragsraum breit. Doch werden alle hellwach, als der „buddhistische Humanist", wie er sich selbst nennt, das Wort ergreift. Was er sagt und wie er es sagt, das berührt die Menschen.

Gandhi und die verschiedenen Brillen

Im Herbst 1988, als ich dem Dalai Lama bei einem Treffen beim Weltkirchenrat zum ersten Mal begegne, warten Tibeter aus vielen Teilen der Schweiz vor der Eingangshalle geduldig auf ihr geistiges und religiöses Oberhaupt, auf die Verkörperung des *Bodhisattva Chenresi.* Endlich erscheint der Dalai Lama mit festem Schritt in seiner granatroten und safrangelben Kutte. Rot ist die Farbe des Mitgefühls, Gelb ist die Farbe der Weisheit. Die Tibeter werfen sich flach auf den Boden. Blitzschnell bückt sich der etwa fünfzig Jahre alte Mönch und hilft den jungen Buddhisten, sich wieder zu erheben. Diese Geste hat sich mir unauslöschlich eingeprägt. Darin lag demütige Bescheidenheit, behende Bestimmtheit und liebende Hinwendung.

Vor der Presse beantwortet er kenntnisreich Fragen über die jüngsten Entwicklungen der chinesischen Zwangsbesiedlung Tibets, über die Leiden seines unterdrückten Volkes. Der Dalai Lama sagt, er sei „ein Politiker wider Willen". Und doch ist es vor allem seiner Persönlichkeit zu verdanken, daß das Drama der Tibeter auf dem „Dach der Welt", im Schneeland am Himalaja, bei der internationalen Gemeinschaft nicht völlig in Vergessenheit geraten ist. Auch im Blitzfeuer der Kameras verläßt ihn sein Humor nicht. Auf die Frage, was ihn von Mahatma Gandhi unterscheide, antwortet er verschmitzt: „Wir tragen verschiedene Brillen." Und wenn man Genaueres über seine „Erleuchtung" wissen will, pflegt er schmunzelnd einen tibetischen Spruch zu zitieren: „Alle erleuchteten Wesen sind voll des Wissens, aber sie haben von nichts eine Ahnung." Es gehört zu seiner buddhistischen Lebensphilosophie, daß diese Welt, dieses von uns zu überwindende Leidenstal, auch ein Ort des Lachens und der Freude sein soll.

Im August 1991 wird er in Bern zum ersten Mal vom Bundespräsidenten der neutralen Schweiz empfangen. Bisher hatte man, wie in vielen Ländern, diplomatische Rücksichten auf China genommen – vor allem aus wirtschaftlichen Gründen. Der Dalai Lama bedankt sich bei den Eidgenossen für diese Geste und entschuldigt sich höflich für Unannehmlichkeiten, die dadurch der Schweiz entstanden sein könnten. Er kommt seit 1985 immer wieder in die Schweiz, weil hier die größte tibetische Kolonie außerhalb Asiens mit etwa 2000 Mitgliedern lebt. Tenzin Gyatso hat eine Art der Liebe, der Güte und des Verstehens, die auch politische Gegner mit einschließt. Auch bei Schilderungen grausamer Menschenrechtsverletzungen gegenüber seinem Volk bleibt ihm, dem Befürworter der Gewaltlosigkeit, jeder Haß auf die Chinesen fremd.

Ein fröhlicher Philosoph und das Tal des Leidens

Bei einem Gottesdienst im August 1991, der im Rahmen des „Internationalen Festes" der 700-Jahr-Feier der Schweiz in Zürich abgehalten wird, singt der Dalai Lama aus voller Brust eine alte buddhistische Weise. Von den über 2000 Anwesenden ist es seine Persönlichkeit, die den großen Raum am stärksten durchdringt. Daneben wirkt der bekannte katholische Dissident Eugen Drewermann aus Paderborn eher blaß und niedergedrückt. Der Dalai Lama ist, ähnlich wie Demokrit – der große griechische Denker – ein „fröhlicher Philosoph". Er weiß, daß echtes Mitgefühl und sentimentale Wehleidigkeit nicht das gleiche sind.

Im Frühjahr 1993 treffe ich den tibetischen Friedensnobelpreisträger anläßlich der Wiener Menschenrechtskonferenz. Die Chinesen wollen verhindern, daß der Dalai Lama vor den Vereinten Nationen über die Leiden seines Sechs-Millionen-Volkes unter ihrer Herrschaft spricht. Doch gerade dadurch erregt die Sache Tibets um so größere Aufmerksamkeit. Wie ernst die Chinesen den Dalai Lama nehmen, zeigt eine Äußerung Maos. Als er von der gelungenen Flucht des Dalai Lamas 1959 hörte, soll er gesagt haben: „Ich glaube, wir haben die Schlacht um Tibet verloren." In diesem Punkt hat er das tibetische Volk richtig eingeschätzt. Auch heute, nach vierzig Jahren antireligiöser Propaganda, ist Tibet immer noch eines der religiösesten Länder der Erde. Der Dalai Lama im Exil ist die Symbolfigur des gewaltlosen Widerstands geblieben.

Während unseres Gespräches erschallt immer wieder sein unnachahmbares und ansteckendes Lachen. Eine Kollegin hat mir einmal verraten, in trüben Stunden würde sie sich dieses Lachen auf ihrem Tonbandgerät anhören. In den Zimmern des Wiener Hotels herrscht ein Kommen und Gehen von Mönchen und Mitarbeitern, die sich um ihn mühen. Ihre Ehrfurcht ist spürbar. Das Oberhaupt der Tibeter hört auf jedes meiner Worte. Seine Gesprächspartner sind immer wieder von dieser Fähigkeit des Zuhörens beeindruckt. Er antwortet mir in seinem unverwechselbarholprigen Englisch, und doch nimmt er jeden, der in den Raum eintritt, mit einem Kopfnicken wahr. Keiner soll sich ausgeschlossen fühlen. Die Achtsamkeit ist eine wichtige buddhistische Tugend.

Meditation und Machtpolitik

Er ist schon ein ganz ungewöhnlicher Mensch. Der Dalai Lama verbindet die Unbefangenheit eines „göttlichen Kindes" mit der Tatkraft eines Politikers und der geistigen Beweglichkeit eines philosophisch geschulten Denkers. Dabei strahlt er eine Güte und Herzlichkeit aus, die jede Unsicherheit und alles Mißtrauen dahinschwinden läßt. Seine Sprache klingt kindlich einfach, manchmal fast banal und bringt doch tiefe Seelenschichten zum Schwingen. Die tägliche Meditation scheint ihn nicht in ferne geistige Welten abzuziehen, sondern ihm die Kraft zu geben, auch bei unzähligen menschlichen Begegnungen auf seinen Weltreisen mit häufigen Medienauftritten seine Ursprünglichkeit zu bewahren. Aus ihm spricht eine ungebrochene jahrtausende alte Weisheit. Er verkörpert den Tibetischen Buddhismus, die heute noch geschlossenste und vollständigste Form des Buddhismus überhaupt. Trotz des vielschichtigen und komplizierten Gedankengebäudes kann ein jeder seinen Worten der Menschlichkeit folgen.

Tenzin Gyatso, der XIV. Dalai Lama, stammt aus einer Bauernfamilie. Bäuerliche Kraft im besten Sinn strahlt er immer noch aus. Seine Schulung gründet auf einer uralten Tradition. Heute aber bewegt er sich, anders als seine Vorgänger, auf der politischen Weltbühne für die Sache des tibetischen Volkes. Er interessiert sich auch für moderne technische Erfindungen und liebt es, mit westlichen Naturwissenschaftlern über ihre neusten Erkenntnisse zu diskutieren.

Dieser Dalai Lama baut Brücken zwischen verschiedenen Welten wie sonst wohl kaum jemand: zwischen den Ursprüngen des Buddhismus vor über 2500 Jahren und den neusten spekulativen Thesen der Atomphysiker, zwischen dem langen Atem des Fernen Ostens und der hektischen westlichen Welt, zwischen religiösen Lehren und politischen Machtinteressen, zwischen meditativer Versenkung und tatkräftiger Weltzugewandtheit. Seit der Verleihung des Friedensnobelpreises im Jahr 1989 ist er durch seinen unermüdlichen Einsatz für eine menschlichere Welt zu einem der großen geistigen Führer unserer Tage geworden.

Dem See entsteigen Bilder

Immer wieder erstaunt es die Menschen im Westen, wie die Tibeter ihr Oberhaupt finden. Früher war es Aufgabe der Regierung in Lhasa, den neuen Dalai Lama ausfindig zu machen. Da jeder Dalai Lama die Wiederverkörperung seines Vorgängers ist, beginnt die Suche nach der neuen Inkarnation erst einige Jahre nach seinem Tod. Als 1933 der XIII. Dalai Lama stirbt, ernennt die Nationalversammlung für die Interimszeit *Reting Rinpoche* zum Regenten. Zwei Jahre später pilgert der Regent mit verschiedenen anderen Würdenträgern zum heiligen *Lhamoi-Lhatso-See* beim *Chokhorgyal-Kloster,* hundertfünfzig Kilometer südlich von Lhasa. Dieser See ist bei den Tibetern dafür bekannt, daß er den Fragenden seine Visionen, Einblicke in andere Welten gewährt. *Reting Rinpoche* und sein Gefolge erkennen auf der Wasseroberfläche drei tibetische Buchstaben: Ah, Ka und Ma. Man sieht unter anderem auch die goldenen und jadegrünen Dächer eines Klosters und einen kleinen Bauernhof mit türkisblauen Ziegeln. Diese Vision hält man zunächst geheim.

Die Berichte der Mönche, die das ferne „Schneeland" durchwandern, um durch Zeichen und Wunder die Wiederverkörperung ihres Oberhauptes zu finden, klingen für westliche Ohren wie ein wundersames Märchen. Sie erinnern an die biblische Legende von den „Drei Weisen aus dem Morgenland", die aufbrechen, um nach dem göttlichen Jesuskind zu suchen. Auch heute noch befragen der Dalai Lama und seine Regierung bei ihren Staatsgeschäften das *Nechung-Orakel.* Ein „Orakel" mit seinen hellsichtigen Fähigkeiten wird als Vermittler zwischen dem natürlichen und dem spirituellen Bereich angesehen. Über solche Gaben verfüge er persönlich allerdings nicht, betont Tenzin Gyatso, der heutige Dalai Lama.

Zur Vision des *Reting Rinpoche* vom heiligen *Lhamoi-Lhatso-See,* mit deren Hilfe man ihn seinerzeit gefunden hat, meint er in seiner lakonischen, humorvollen Art: „Das ist wohl eine altertümliche Form des Fernsehens." Wahr ist aber auch, daß man durch jahrhundertelanges geistiges Training in Tibet „parapsychologische" Techniken entwickelt hat, die von der Wissenschaft noch kaum erforscht worden sind. Für die hohen Lamas sind das jedoch nur nebensächliche Erscheinungen, geht es ihnen doch vor allem um die geistige Verwandlung, deren Hauptziel die liebende Hinwendung zu allen Wesen ist.

Gebetsketten, Wanderstöcke und der Lama von Sera

Im Jahre 1937 werden verschiedene Suchtrupps ausgeschickt, um nach den im heiligen See geschauten Gebäuden zu suchen. Da der auf einem Thron sitzende Leichnam des verstorbenen XIII. Dalai Lamas sein Antlitz nach Osten gewendet hat, konzentriert man sich bei der Suche auf diese Himmelsrichtung. *Ketsang Rinpoche* vom Kloster Sera und seine Gruppe finden in der nordöstlichen Provinz *Amdo* in *Dokham* das Mönchskloster *Kumbum* mit goldgrünen Dächern und im nahen Ort *Takster* einen türkis geziegelten Bauernhof. Beides entspricht der Vision. Bevor die drei Mönche das Haus betreten, tauscht *Ketsang Rinpoche* mit einem Diener seine Kleider. Eine Gebetskette des verstorbenen XIII. Dalai Lamas behält er bei sich.

Als der vermeintliche Diener in der Küche Platz nimmt, springt ihm der zweijährige *Lhamo Thöndup,* der am 6. Juli 1935 zur Welt gekommen ist, zutraulich auf den Schoß. Sogleich greift er nach der Gebetskette. Der Rinpoche verspricht dem Kind den Rosenkranz, wenn es erraten kann, wer er sei. Ohne zu überlegen, sagt der Junge: „Der Lama aus Sera." Im gleichen Atemzug fügt er noch die Namen der beiden anderen Fremden hinzu. Es folgt noch eine Reihe von Prüfungen.

Echte Gegenstände aus dem Besitz des verstorbenen Dalai Lamas und nachgemachte, die ihnen völlig gleichen, werden dem Jungen gezeigt. Es sind zwei schwarze und zwei gelbe Rosenkränze, zwei Gebetsmühlen. Mühelos wählt er die richtigen Dinge aus. Bei zwei Wanderstäben zögert das Kind zunächst, greift dann aber nach dem echten. Das gilt als zusätzlicher Beweis dafür, daß der Knabe die neue Wiederverkörperung des Dalai Lamas sein muß. Beide Wanderstäbe haben dem Dreizehnten gehört, den vom Knaben ausgewählten Stab hat er stets bei sich gehabt, den andern bereits nach kurzer Zeit verschenkt.

Der „Herr des weißen Lotus" besteigt den Thron

Man kommt auch überein, daß die geschaute Silbe Ah für Amdo steht, daß die Silbe Ka auf das Kloster Kumbum hinweist und mit Ma auf das Kloster *Karma Rolpai Dorje* gemeint ist. In diesem Kloster hat der XIII. Dalai Lama auf seiner Rückreise von China geweilt. Durch diese und noch weitere Zeichen fühlt man sich in der Überzeugung bestärkt, daß der Knabe tatsächlich der XIV. Dalai Lama sein muß. Doch noch stehen zähe Verhandlungen mit dem muslimischen Gouverneur bevor, der im Auftrag der Chinesen das Gebiet um Takster kontrolliert. Erst nach der Zahlung eines hohen Lösegelds gelingt es, im Jahr 1940 den jetzt Fünfjährigen und seine Familie in die Hauptstadt zu bringen.

In Lhasa erhält er den Mönchsnamen Tenzin Gyatso und wird offiziell zum XIV. Dalai Lama ernannt. Am Tag seiner Thronbesteigung werden ihm noch weitere Namen verliehen: „Herr des weißen Lotus", „Alle Wünsche erfüllendes Juwel", „Siegreiches Kleinod", „Unvergleichlicher Meister". Die Tibeter nennen ihr Oberhaupt schlicht „Kundün", auf deutsch: Gegenwart. Jetzt beginnt für den Knaben ein Weg, auf dem er schon bald schwierigen politischen Aufgaben begegnen wird.

Gelbmützen und Rotmützen

Um die Rolle des Dalai Lamas besser zu verstehen, seien zunächst einige Grundbegriffe erklärt. Er ist sowohl das geistige als auch das politische Oberhaupt Tibets und steht der „Schule der Tugendhaften", den *Gelgugpas*, vor. Wegen ihrer Kleidung werden sie auch „Gelbmützen" genannt. Das Oberhaupt der zweiten Hauptschule, der *Kagyü-Schule*, der „Rotmützen", ist der *Karmapa*. Der XVII. *Karmapa* ist heute sieben Jahre alt und lebt in Tibet. Beide geistigen Führer sind für die Buddhisten *Bodhisattvas*. Das sind vollendete „Erleuchtungswesen", die nach ihrem Tod ins *Nirvāna* eingehen könnten, aber aus Erbarmen, *Karunā*, so lange darauf verzichten, bis alle anderen Wesen erlöst sind. Sie gelten als Reinkarnationen des *Bodhisattvas Chenresi* (Mit klaren Augen schauen).

Chenresi ist der Schutzpatron des „Schneelandes" Tibet. Alle zentralen Ereignisse und wichtigen Persönlichkeiten werden mit seinem Wirken in Verbindung gebracht. Auch der „Vater des tibetischen Volkes", *König Songtsen Gampo* (620–649), wird als seine Verkörperung angesehen. Der Weg eines *Bodhisattva* beginnt mit dem *Bodhicitta*, dem Erleuchtungsgeist, und mit einem Gelübde, *Pranidhāna*.

Der Schutzherr aller Religionen

Unter den Dalai Lamas entwickelte sich Tibet zu einem hierarchischen Mönchsstaat mit einer reichen Klosterkultur. Diese ist durch die chinesische Kulturrevolution zwar weitgehend zerstört worden. Der Dalai Lama aber bleibt weiterhin der Schutzherr aller buddhistischen Traditionen in Tibet sowie der alten einheimischen Bön-Religion und der Muslime, die es auch im „Schneeland" gibt. Das zweite geistige Oberhaupt nach dem Dalai Lama ist der *Panchen Lama*. Er gilt als Wiedergeburt des *Buddhas Amitabha (Amida)*, einer der wichtigsten und volkstümlichsten Buddhas. Bisher war der Panchen Lama nach dem Tod eines Dalai

Lamas sein geistiger Stellvertreter. Der letzte Panchen Lama ist im Januar 1989 unter immer noch ungeklärten Umständen plötzlich verstorben. Erst kürzlich scheint Peking eingewilligt zu haben, daß auch vom Dalai Lama ernannte geistige Würdenträger sich an seiner Auffindung beteiligen können.

Als der Dalai Lama als Kind in den Potala-Palast einzieht, kümmern sich *Ling Rinpoche* und *Trijang Rinpoche* hauptsächlich um seine religiöse Ausbildung. Seine Eltern, die geadelt werden, sieht er einmal im Monat. Er beeindruckt durch seine rasche Auffassungsgabe. Heinrich Harrer berichtet, daß schon der junge Dalai Lama ein bemerkenswert selbständiger Jüngling gewesen sei. So steht er im Gegensatz zu vielen seiner Vorgänger, die lebenslang Marionetten in den Händen der Erzieher geblieben sind und die Regierung den Regenten überlassen haben.

Harrer, der den Dalai Lama auch unterrichtet und ihn durch sein vielgelesenes Buch „Sieben Jahre in Tibet" in Europa bekannt gemacht hat, schreibt: „Von der Intelligenz dieses Knaben jedoch erzählt man schon jetzt wahre Wunder. Es hieß, daß er ein Buch nur einmal zu lesen brauche, um es auswendig zu wissen. Schon früh interessierte er sich für alle Angelegenheiten des Staates und kritisierte oder lobte die Entscheidungen der Nationalversammlung." Bereits mit fünfzehn Jahren beginnt der Dalai Lama mit seinen öffentlichen religiösen Belehrungen.

Staatsoberhaupt in jungen Jahren

Als Tibet durch das kommunistische China bedroht wird, übernimmt der Dalai Lama im sechzehnten Lebensjahr die politische Verantwortung. Er versucht wie sein Vorgänger, die streng theokratische Ordnung Tibets zu demokratisieren, stößt jedoch dabei auf großen Widerstand. Er will das Prinzip der vererbbaren Schulden abschaffen, das viele Familien zu dauernder Armut verurteilt. Das mißfällt der tibetischen Elite, die um ihre Privilegien fürchtet. Er setzt sich auch für ein allgemeines Bildungssystem ein. Ein Dalai Lama als Reformer paßt den chinesischen Besatzern nicht in ihre Vorstellungen der Feudalherrschaft, von der sie die Tibeter ja befreien wollen.

Er stolpert gewissermaßen in die Weltpolitik, wird zum Politiker wider Willen. Die Chinesen schränken die zunächst zugestandene Autonomie des Dalai Lamas immer mehr ein. 1954 versucht er vergeblich, gemeinsam mit dem Panchen Lama in Peking mit Mao Zedong und Tschou En-lai über die Freiheit Tibets zu verhandeln. 1956 trifft er in Indien Premierminister Pandit Nehru, der ihn nur als religiösen Führer empfängt und ihm nicht weiterhilft.

Als sich die Lage der Tibeter unter den Chinesen zunehmend verschlechtert, flüchtet er 1959 mit annähernd hunderttausend Tibetern ins indische Exil und baut eine Exilregierung auf. Seine Hauptaufgabe ist es fortan, den vielen Flüchtlingen, die ihrem Oberhaupt nach Indien folgen, die Ansiedlung zu erleichtern. Im Jahr 1963 entwirft er eine Verfassung, die es ermöglichen soll, das tibetische Volk künftig demokratisch zu regieren. Die Welt nimmt die Exilregierung damals – bis auf drei fruchtlose UNO-Resolutionen – kaum zur Kenntnis. Wie Nehru haben ihn auch später viele westliche Staatsmänner nur als Religionsführer und nicht als Staatsoberhaupt empfangen.

Bis jetzt ist seine Regierung von keinem Staat anerkannt worden. Allerdings ist die Institution des Dalai Lamas heute unter den Tibetern nicht mehr unumstritten. So meint By Huitzi in der Zeitschrift der Exiltibeter *Lungta* (Nr. 7, S. 24), das devote Verhalten vieler Tibeter gegenüber dem Dalai Lama würde den „Demokratisierungsprozeß" der Exilgemeinde erschweren. Noch immer meine man, er sei der unanfechtbare Meister, und wer ihn kritisiere, würde sich über ihn erheben. Dabei bleibe der Dalai Lama ein Gefangener der monastischen Tradition, an der er selbst nicht rütteln könne. Das sind aber doch wohl nur Einzelstimmen unter den Tibetern im Ausland.

Seine Heiligkeit der XIV. Dalai Lama lebt nicht wie seine Vorgänger, abgeschirmt vom Rest der Welt, im riesigen Potala, dem einstigen Wintersitz der Dalai Lamas in der tibetischen Hauptstadt Lhasa. Der Palast mit über tausend Zimmern und Sälen, mit Beamtenschulen, einem Kloster und vielen Tempeln, war ein Sinnbild für die hierarchische Stellung des geistigen und politischen Oberhaupts der Tibeter. „Wir waren bis dahin in Förmlichkeit erstarrt gewesen", meint er rückblickend, „man konnte kaum frei sprechen und atmen. In gewisser Hinsicht war die Flucht aus Lhasa durchaus heilsam. Zudem habe ich dadurch ein noch tieferes Verständnis der Religion gewonnen, besonders was die Vergänglichkeit aller Dinge betrifft."

Seit seiner Flucht hat er im indischen Dharamsala ein einfaches Mönchsleben geführt und nicht aufgehört, sich unermüdlich für sein Volk einzusetzen. Tenzin Gyatso bemüht sich in seinen Vorträgen über Harmonie und Weltfrieden um eine bessere Verständigung unter den Religionen und Kulturen. Seine Gedanken sind jedem verständlich. Der Dalai Lama fordert dringlich eine Haltung universeller Verantwortung, um die globalen Gefahren der Menschheit zu meistern. Die Botschaft lautet, daß jeder sich in die Leiden und Nöte der anderen einfühlen und sie zu den seinen machen sollte. Seine universale buddhistische Sicht überschreitet alle Grenzen und Schranken.

Das folgende Gespräch ist aus mehreren Begegnungen in der Schweiz und Österreich zwischen den Jahren 1988 und 1993 entstanden. An verschiedenen Stellen ist es des besseren Verständnisses halber ergänzt und überarbeitet worden. Oft mußten Sprachhindernisse durch die Übersetzungen aus dem Tibetischen über das Englische ins Deutsche überbrückt werden. Ich hoffe, daß es mir trotzdem gelungen ist, etwas von der vielschichtigen Einfachheit des XIV. Dalai Lamas wiederzugeben.

Ich möchte mich bei Tica Broch und Arianne Poux in Genf, den Vertretern des „Tibet-Unterstützungskomitees der Schweiz", bei Gyaltsen Gyaltag in Zürich, dem Repräsentanten des Dalai Lama in Zentral- und Südeuropa, bei der UNO und der EU, beim Geshe Thupten Tinpa in Dharamsala, beim Lama Tchokdroup sowie beim Lama Tchenkdroup, besonders bei Gonsar Rinpoche, dem Abt vom Mont Pèlerin, für die kritische Durchsicht des Manuskripts und bei Alexandra Mauritzen und Anja Meran sowie bei Lea Sgier für ihre Hilfe und Unterstützung bedanken.

Schreibweise und Übersetzung von buddhistischen Begriffen richten sich in der Regel nach Franz-Karl Ehrhard und Ingrid Fischer-Schreiber im „Lexikon des Buddhismus", 1992.

II. Gespräch

1. Fragen zur Person

Kein Halbgott, ein Mensch wie alle anderen

Frage: Auch Menschen, die kaum etwas über den Buddhismus oder Tibet wissen, merken auf, wenn sie die beiden Worte „Dalai Lama" hören. Sie haben für viele einen geheimnisvollen Klang, lassen an die schneebedeckte Bergwelt Tibets mit ihren farbenfroh gekleideten Bewohnern und an kunstvolle Thankas denken. Was bedeutet das Amt des Dalai Lamas für Sie persönlich?

Seine Heiligkeit: Wie Sie sich vorstellen können, setzt man in den Dalai Lama überall große Erwartungen, und viele Menschen achten mich. Aber ich bin ein Mensch wie alle anderen. Ich bin ein Mönch, der sich mehr um das Wohlergehen anderer als um sich selbst bekümmern soll. Täglich versuche ich mit ganzer Kraft, an meiner Vervollkommnung zu arbeiten. Wir nennen das *Bodhicitta,* Erleuchtungsgeist. Das ist der Wunsch, die Erleuchtung aus uneigennützigen Beweggründen zu erlangen, um alle lebenden Wesen vom Leiden zu befreien. In einem Wunschgebet aus dem 8. Jahrhundert wird das so ausgedrückt: „Solange Raum und Zeit bestehen, solange es noch Wesen gibt, die den Kreislauf der Wiedergeburt immer von neuem durchwandern müssen, so lange möge auch ich mit ihnen sein und das Leiden von ihnen nehmen."

Im Tibetischen Buddhismus glauben wir, daß der Dalai Lama eine Reinkarnation von *Avalokiteshvara,* auf tibetisch *Chenresi* ist. Er ist der *Bodhisattva* der Gnade und der Beschützer aller lebenden Wesen. Ich bin die vierundsiebzigste Inkarnation, die man bis zu einem Brahmanenjungen zur Zeit des Buddha Shākyaamuni zurückverfolgen kann. Wir glauben an Wesen, große Lamas oder Tulkus – wie es auf tibetisch heißt –, die ihre Wiedergeburt selbst bestimmen können. Dazu gehört auch der Dalai Lama, dessen Reinkarnation 1351 ihren Anfang nahm. Diese Wiedergeburten ereignen sich nur, damit sie ihre Aufgaben weiterführen können. Das ist für die Suche des jeweiligen Nachfolgers von großer Bedeutung. Es gibt nach unseren Vorstellungen eine geistige Verbindung und karmische Kraft, die mich befähigt hat, die Rolle des Dalai Lamas zu übernehmen.

Ein Ozean der Weisheit

Frage: Was bedeutet „Dalai Lama" eigentlich?

Seine Heiligkeit: Lama heißt der „unübertreffliche Meister". Dalai ist ein mongolischer Ausdruck, der etwa soviel wie „Ozean" bedeutet. Im übertragenen Sinn ist damit ein „Ozean der Weisheit" gemeint. Aber ich glaube, daß es mit dem Dritten Dalai Lama, Sonam Gyatso, zusammenhängt, dem nach der Überlieferung zum erstenmal von einem mongolischen Häuptling der Titel „Dalai" verliehen wurde. Es kann sehr wohl sein, daß dabei das Wort „Gyatso", auf tibetisch „Ozean", in die mongolische Sprache übersetzt wurde. Bis zur Fünften Reinkarnation hatten die Dalai Lamas nur religiöse Funktionen inne. Der V. Dalai Lama hat dann erstmals auch die staatliche Führung übernommen und damit die politische und religöse Herrschaft in einer Person vereinigt.

Anderen beizustehen ist der Sinn meines Daseins

Frage: In Europa scheint es nie wirklich gelungen zu sein, daß die geistige und die weltliche Macht in Eintracht zusammenwirken konnten. Wie ist es in Tibet möglich gewesen, zwei so gegensätzliche Haltungen wie die Anspruchslosigkeit eines Bettelmönches und die politische Tatkraft eines Staatsoberhauptes in einer Person zu vereinigen?

Seine Heiligkeit: Ob als Mönch oder als Staatsoberhaupt, anderen beizustehen ist für mich der Sinn des Lebens. Besonders die sechs Millionen Tibeter setzen alle ihre Hoffnungen in mich. Daher liegt eine beträchtliche Verantwortung auf meinen Schultern. Ich sehe natürlich in erster Linie meinen Auftrag darin, meinem Volk zu helfen und ihm mit vollem Einsatz zu dienen. Durch die aufrichtige Hilfe für andere hat man einen doppelten Gewinn, denn man wird dabei auch selbst glücklich.

Es hängt weitgehend von mir ab, in welcher Weise ich meiner Rolle gerecht werde. Erst wenn es mir gelingt, meine Aufgabe wirklich zu erfüllen, wird aus dem Amt des Dalai Lamas etwas Nutzbringendes. Aber für mich selbst ist bestimmt meine persönliche Integrität, die Echtheit meiner Beweggründe, ausschlaggebend – unabhängig davon, ob ich die politischen Ziele für mein Volk erreichen kann oder nicht.

Auf der anderen Seite birgt es sicher auch Gefahren in sich, wenn das tibetische Volk erwartet, die drückenden Zustände in unserer Heimat könnten von einem einzigen Menschen, und sei es auch der Dalai Lama, geändert werden. Es geht ja nicht nur um das Heute. Wir müssen auch Lösungen für das Wohlergehen und das Überleben unserer Nation in künftigen Generationen finden. Darin liegt meine Hauptsorge.

Ursprünglich war ich auf diese weltpolitische Aufgabe gar nicht vorbereitet worden. Als ich 1950 mit fünfzehn Jahren die Regierung übernahm, fehlte mir jede politische Erfahrung. Ich fand mich in den diplomatischen Gepflogenheiten kaum zurecht. Inzwischen hat sich das geändert, jetzt kommen mir meine Erfahrungen der letzten vierzig Jahre zugute, meine zahlreichen Kontakte zu Staatsmännern und anderen wichtigen Persönlichkeiten.

Meine große Schule war das Leben selbst

Frage: Eure Heiligikeit, Sie sagten, Sie wurden auf die wichtige Rolle, die Sie heute in der Weltpolitik spielen, nur ungenügend vorbereitet. Gibt es für den Dalai Lama eine besondere Ausbildung?

Seine Heiligkeit: Ich habe keine andere Ausbildung genossen als die für tibetische Mönche übliche. Mit dreizehn Jahren begann ich, Philosophie zu studieren, das rechte Definieren von Begriffen und die Kunst des Diskutierens zu erlernen. Dann kam noch die Schönschreibkunst dazu. Nach dem Schreibunterricht mußte ich buddhistische Texte auswendig lernen. Mein Lehrplan bestand aus fünf Haupt- und fünf Nebenfächern. Dazu gehörten Dialektik, tibetische Kunst und Kultur, Grammatik, Sprachwissenschaften, Medizin und buddhistische Philosophie. Die fünf Nebenfächer waren Poesie, Musik und Drama, Astrologie, Metrik und Ausdruck sowie Wortschatz. Für das Doktorat genügten buddhistische Philosophie, Logik und Dialektik sowie Erkenntnistheorie. Meine Studien beendete ich noch in Tibet 1959 kurz vor der Flucht ins indische Exil mit einem Examen, einer Disputation vor Tausenden von Menschen. Dafür bekam ich den Geshe-Titel, den höchsten philosophischen Grad, verliehen.

Und dann habe ich auch durch regelmäßige Meditation, mehrmals am Tag, viele Erkenntnisse gewonnen. Bei uns gibt es vor allem zwei Arten der Meditation. In der einen geht es um die Konzentration, die geistige Ruhe. Bei der anderen geht es um die Analyse, die tiefere Einsicht in die Dinge. Bei meinen Meditationsübungen beschäftige ich mich hauptsächlich mit dem Mitgefühl, mit der Unterscheidung zwischen dem Ich und den anderen und mit der wechselseitigen Abhängigkeit aller Dinge und Lebewesen voneinander, besonders der Menschen. Ich bete, meditiere oder studiere täglich fünfeinhalb Stunden oder sogar länger. Aber ich bete auch während des übrigen Tages, wenn immer sich eine Gelegenheit ergibt. Wir haben Gebete für alles, was wir tun. Für den Buddhisten gibt es kaum einen Unterschied zwischen Religion und Alltag.

Meine wichtigste Schule aber war das Leben selbst mit seinen großen Herausforderungen und den vielen Schwierigkeiten, die mein Volk zu meistern hatte. Mein Schicksal als Flüchtling hat mich oft in verzweifelte, fast hoffnungslose Situationen gebracht. Es hat mich unentwegt gezwungen, mich mit der rohen Wirklichkeit auseinanderzusetzen. Unter diesem ständigen Druck mußte ich immer wieder meine äußerste Entschlossenheit und innere Stärke beweisen. Vor allem ging es darum, den Mut und die Hoffnung nicht zu verlieren. Die tägliche Meditation und die Lebenserfahrung sind die beiden Bereiche, denen ich wohl am meisten verdanke.

Im Potala-Palast gingen die Uhren anders

Frage: Waren Sie als Kind im riesigen Potala-Palast, getrennt von ihrer Familie, nicht doch sehr abgeschieden von der übrigen Welt?

Seine Heiligkeit: Das Protokoll für das Leben eines Dalai Lamas war damals sehr streng. Mein Leben war von Routine geprägt. Ich kann mich aber nicht an die genaue Stundeneinteilung erinnern, denn die Tibeter hielten zu dieser Zeit nicht sehr viel vom Leben nach der Uhr. Die Dinge begannen und endeten, wie es sich gerade fügte, ohne Hast. Da war ich eine Ausnahme, weil ich mich schon als Kind für Uhren interessiert habe. Auch heute noch gehört das Reparieren von Uhrwerken zu meinen Lieblingsbeschäftigungen.

Bereits als Kind lagen mir Förmlichkeiten wenig. Besonders nahe stand mir der Küchenmeister. Von meinen Dienern, die mich wie jeden anderen kleinen Jungen behandelten, erfuhr ich schon früh, daß das Leben für die einfachen Leute schwierig sein kann. Sie erzählten mir, daß es ungerechte hohe Beamte und Lamas gab, die oft sehr willkürliche Entscheidungen trafen. Schon früh habe ich erkannt, daß es für den Führer eines Volkes wichtig ist, mit den einfachen Leuten verbunden zu sein. Leicht kann man von den Beratern und Beamten beeinflußt werden, Entscheidungen nach ihren eigenen Interessen zu treffen. Dabei können die wirklichen Anliegen des Volkes zu kurz kommen.

Der weiße Lotus wächst im Schlamm

Frage: Sie sagten, der Dalai Lama sei die Reinkarnation eines *Bodhisattvas.* Könnten Sie bitte erklären, was man im Tibetischen Buddhismus darunter versteht?

Seine Heiligkeit: Für uns ist ein *Bodhisattva* ein „Wesen der Erleuchtung", das aus Mitleid mit allen anderen Wesen so lange auf die Buddhaschaft verzichtet – das heißt die vollkommene Erleuchtung –, bis er ihnen zur Erlösung verholfen hat. Ein *Bodhisattva* wird aufgrund seines eigenen Wunsches wiedergeboren. Er nimmt es also freiwillig auf sich, im Daseinskreislauf der Wiedergeburt, im *Samsarā,* zu verbleiben, um anderen beizustehen. Er will eigenes Leid stellvertretend für andere auf sich nehmen. Man nennt das die „Übung des Gebens und Nehmens", bei der das Leid der anderen übernommen und das eigene Glück an sie weitergegeben wird.

Ein Symbol dafür, daß der *Bodhisattva* die Begierden und Leidenschaften des Lebens überwunden hat, ist die Lotusblüte. Diese wunderschöne Blume wächst im Schlamm, und doch bleibt ihre weiße Farbe vom Schmutz unversehrt. Daraus entwächst eine Kraft, die widerstandsfähig gegen die Wirrungen des Werdens und Vergehens macht. *Bodhi* heißt das Verstehen oder die Weisheit des eigentlichen Wesens der Wirklichkeit, und ein *Sattva* ist jemand, der aus allumfassendem Mitgefühl handelt. Gemäß dem *Bodhisattva- Ideal* soll man danach streben, mit unendlicher Weisheit ein nicht endendes Mitgefühl zu üben.

Mein Weg ist der eines Mönches. Dabei halte ich mich an die 253 Mönchsregeln. Die vier Hauptgelübde verbieten einem Mönch, zu töten, zu stehlen, die Unwahrheit zu sagen, wenn es um seine geistlichen Kenntnisse geht. Ein Mönch muß sich auch strikt an das Gebot der Keuschheit halten. Diese Ordnung macht mich frei von vielen Ablenkungen und Sorgen des Alltags.

Ein Lächeln ist schöner als alle Juwelen

Frage: Oft sieht man auf Bildern tibetische Lamas in seidenen Prunkgewändern abgebildet. Gibt es einen Grund, warum Eure Heiligkeit immer sehr einfach gekleidet sind?

Seine Heiligkeit: Ich trage die für einen tibetischen Mönch übliche Kutte. Sie besteht nach der Tradition aus verschiedenen Teilen, sie sollen an ein Flickengewand erinnern und die Armut versinnbildlichen.

Aber der Kleidung kommt für die spirituelle Entwicklung überhaupt keine Bedeutung zu. In der tibetischen Tradition sind die großen Lamas oft sehr prächtig gekleidet. Sie tragen ihrem Amt entsprechend verschiedene Hüte, die sich in Form und Farbe unterscheiden. Jedesmal wenn ich einen Lama treffe, der so gekleidet ist, ermahne ich ihn: „Unser wahrer Meister ist Buddha, der besaß keinen Hut. Wir sind nur Schüler. Buddha hätte also ein viel größeres Recht gehabt, sich luxuriös zu kleiden, weil er der wahre Meister ist, und trotzdem zog er es vor, ein einfacher Mönch zu bleiben." Jeder kann sich noch so aufwendig kleiden oder mit Juwelen behängen, es ist eine Illusion, wenn man meint, dadurch würde sich etwas Wesentliches am Menschen verändern. Mitgefühl und Liebe, ein herzliches Lächeln, ein gütiger Blick, das scheint mir der wertvollste Schmuck zu sein, den es gibt. Ein abweisendes Gesicht wird auch durch den aufwendigsten Aufputz nicht schöner.

Manchmal denke ich auch, wenn ich immer mit einem grimmigen Gesicht herumlaufen und nicht so viel lachen würde, daß sich dann weniger Freunde für die Sache Tibets fänden. So mache ich eine Politik des Lächelns.

Ein freies Tibet wird selbst wählen

Frage: Eure Heiligkeit, weil Sie das soziale tibetische System nicht mehr für zeitgerecht hielten, haben Sie in der von Ihnen 1963 entworfenen Verfassung zuallererst die Macht des Dalai Lamas beschnitten. Und Sie sagten 1988 bei Ihrer Rede in Straßburg, Sie würden in einer neuen Regierung in Tibet keine aktive Rolle spielen wollen. Wird der Dalai Lama fortan nur mehr das geistige Oberhaupt Tibets sein?

Seine Heiligkeit: Was immer für mein Volk das Beste sein wird, werde ich tun. Ich habe mich entschlossen, daß ich in einem freien Tibet die Rolle des politischen Führers abgeben werde. Ich werde dann nur mehr das geistliche Oberhaupt sein. Ursprünglich haben die Dalai Lamas ja auch nur religiöse Aufgaben erfüllt. Dann will ich mein politisches Amt einem vom Volk gewählten Tibeter übertragen.

Noch keine Rückkehr nach Lhasa

Frage: Unter welchen Bedingungen würde der Dalai Lama nach Tibet zurückkehren?

Seine Heiligkeit: Die Mehrzahl der Tibeter, die in Tibet leben – besonders die Jugend – meint, daß ich zur Zeit nicht zurückkehren sollte, weil ich die Sache Tibets vom Ausland her viel besser vertreten könnte. Die wichtigste Voraussetzung für meine Rückkehr ist, daß die Chinesen meine Vorschläge annehmen und die Menschen in Tibet mit der politischen Lage wirklich zufrieden sind.

Pilger überbringen die Nachrichten

Frage: Gibt es jemanden, der Eure Heiligkeit in Tibet vertritt?

Seine Heiligkeit: In Tibet selbst gibt es niemanden. Es findet nur ein indirekter Austausch statt durch die Tibeter, die nach Indien auf Pilgerfahrten kommen und dann wieder zurückkehren. Oder durch Leute, die ihre Verwandten in Tibet besuchen können. Durch solche Kontakte fließen viele Informationen nach Tibet. Natürlich helfen uns auch die Medien. Es gibt eine tibetische Sendung im indischen Rundfunk und auch eine in der „Voice of America".

Ein neuer Dalai Lama wird erscheinen, wenn die Welt ihn braucht

Frage: Wird es eine 15. Inkarnation des Dalai Lamas geben? Eure Heiligkeit haben einmal verlauten lassen, Sie könnten möglicherweise der letzte Dalai Lama sein.

Seine Heiligkeit: Diese Äußerungen müssen Sie im Hinblick auf das Ansinnen der Chinesen verstehen, die Tibetfrage zu einem ausschließlichen Problem des Dalai Lamas und der Exiltibeter zu machen. Wir hegen nicht die Absicht, das alte Feudalsystem wieder einzuführen. Das wäre ohnehin nicht möglich und zudem auch nicht mehr zeitgemäß. Diese Regierungsform brächte dem Volk bestimmt keinen Vorteil mehr.

Wenn das tibetische Volk heute der Meinung ist, es könne auf die Institution des Dalai Lamas verzichten, dann wäre es das Ende dieses Amtes. Dann wäre ich der letzte Dalai Lama. Ein neuer Dalai Lama wird erscheinen, wenn die Umstände ihn erfordern. Wenn die Geschichte aber einen anderen Verlauf nimmt, muß man das auch hinnehmen. Politische Systeme mögen sich verändern, das einzige aber, was sich niemals verändert, ist das menschliche Herz, ist die Sehnsucht nach Glück, das Streben nach Freiheit. Das sind die wirklichen Gründe für die Weiterentwicklung, für den Fortschritt, sei er im materiellen Bereich oder sei er geistiger Art. Das gilt auch für mein tibetisches Volk.

2. Fragen zum Tibetischen Buddhismus

Auch wenn die Mönche sich anders kleiden, gelten doch die Vier Edlen Wahrheiten

Frage: Im Tibetischen Buddhismus spielen die Lamas eine wesentliche Rolle. Ist es daher richtig, ihn als Lamaismus und eine vom ursprünglichen Indischen Buddhismus abgesonderte Richtung zu betrachten?

Seine Heiligkeit: Wer den Tibetischen Buddhismus kennt, weiß, daß es keinen Grund gibt, von einer vom Indischen Buddhismus unterschiedlichen Richtung zu sprechen. Auch wenn sich die Mönche und Nonnen gegenüber Indern im Äußeren, in ihrer Kleidung, unterscheiden, so halten wir uns doch in allen wichtigen Punkten an die alten indischen Texte. Der Kern der buddhistischen Praxis ist es, niemandem zu schaden, sondern nach bestem Vermögen den anderen zu helfen. Wir Tibeter leben nach dem *Mahāyāna-Buddhismus*, dem „Großen Fahrzeug", wie man es nennt. Für uns sind Selbstopfer und Altruismus entscheidend, und daß unsere Gedanken und unsere Handlungen immer auf das Wohl der anderen ausgerichtet sind. Im älteren *Hinayāna*, dem „Kleinen Fahrzeug", dagegen trachtet man vor allem danach, anderen keinen Schaden zuzufügen.

Anders denken, ohne sich zu zerstreiten

Frage: Im *Mahāyāna-Buddhismus* haben sich unterschiedliche Schulen und Strömungen entwickelt. Warum haben, anders als im Westen, verschiedene Lehrmeinungen nicht zu Spaltungen geführt, so daß Mönche mehrerer philosophischer Richtungen in einem einzigen Kloster zusammenleben können?

Seine Heiligkeit: Der Buddhismus kam erst allmählich, durch verschiedene Lehrer nach Tibet. So bildeten sich verschiedene Traditionen heraus. Es gibt zwar in diesen Schulen große philosophische Unterschiede. Doch in den Kardinalpunkten stimmen wir alle überein. Wie überall drücken auch bei uns die Menschen ihre Ansichten auf verschiedene Weise aus.

An den scharfen Wortgefechten ergötzen sich auch die einfachen Leute

Frage: Zur buddhistischen Unterweisung gehört das Debattieren. Vielleicht wird das friedliche Zusammenleben unterschiedlicher Richtungen auch dadurch erleichtert, daß sich die philosophischen Streitgespräche nach genau bestimmten Regeln abspielen, fast wie ein Ritual?

Seine Heiligkeit: Das mag sein. Die geistigen Fähigkeiten eines Mönches werden danach beurteilt, wie er sich in der Kunst des Debattierens bewährt. Das geht so vor sich: Zwei Mönche stellen sich gegenseitig Fragen. Dabei müssen sie ganz bestimmte körperliche Bewegungen ausführen. Der Herausforderer klatscht in die Hand und stampft mit dem Fuß auf den Boden, als wollte er den Kampf beginnen. Im Debattenhof kann es sehr hitzig zugehen. Man versucht unerbittlich, alle Argumente des Gegners zu widerlegen. Dabei geht es darum, schlagfertig, geistreich und witzig zu sein. Für uns sind philosophische oder religiöse Diskussionen kein Grund für persönlichen Streit. Und die Mönche sind, wenn sie nach einem harten Wortgefecht die „Arena" wieder verlassen, einander auch nicht böse. Früher waren diese Streitgespräche auch bei den einfachen Tibetern sehr beliebt. Als Zuhörer konnten sie stundenlang in den Innenhöfen der Klöster sitzen und sich an den Wortgefechten ergötzen, obwohl sie von den intellektuellen Spitzfindigkeiten sicher nur wenig mitbekamen.

Eine Religion ohne Gott

Frage: Für uns Christen ist eine Religion wie der Buddhismus, die keinen Schöpfergott kennt, eine atheistische Religion und ein Widerspruch in sich selbst. Im Tibetischen Buddhismus dagegen will man, wenn ich es recht verstehe, sowohl den Ein-Gott-Glauben wie auch den Unglauben vermeiden?

Seine Heiligkeit: Es gibt zwei Arten von Religionen. Die einen wie der Buddhismus oder der Jainismus sind Religionen ohne persönlichen Gott. Das sind die Nicht-Gott-Lehren. Dann gibt es die monotheistischen Religionen wie das Judentum, das Christentum und den Islam, die an einen Schöpfer der Welt glauben. Die Entstehung der Welt, die Ursachen und Wirkungen von Glück und Leid werden von den Religionen verschieden erklärt.

„Atheistisch" ist der Buddhismus, weil wir nicht an einen Schöpfergott glauben. Aber wir kennen doch höhere Wesen, die durch einen Läuterungsprozeß gegangen sind. Jedes Lebewesen trägt die Möglichkeit in sich, diese geistige Verwirklichung oder hohe spirituelle Stufe zu erreichen. Wir nehmen also an, daß es verschiedene Seinsebenen gibt. Hier unterscheiden sich die großen Weltreligionen.

Der Buddhismus fußt auf den „Vier Edlen Wahrheiten". Wir Buddhisten leben in einer Welt ohne Gott, für die anderen steht der Schöpfergott im Mittelpunkt der Lehre. Aber alle stimmen darin überein, daß Liebe und Mitgefühl die Menschen besser machen. Für unsere Religion ist Mahākarunā, die große heilende Hinwendung zu allen Lebewesen, das Allerwichtigste.

Buddhas Lehren sind logisch

Frage: Wenn es keinen persönlichen Gott gibt, zu wem betet man dann?

Seine Heiligkeit: In den monotheistischen Religionen hoffen die Gläubigen auf die Hilfe Gottes, um die Schwierigkeiten ihres Daseins meistern zu können. Die Vorstellung von der Allmacht Gottes läßt die Frage unbeantwortet, wieso ein allmächtiger und gütiger Gott auch das Leiden und die Ungerechtigkeit hervorgebracht hat. Man könnte denken, daß dieser Gott grausam ist, weil er Menschen in eine Welt kommen läßt, in der sie Pein und Schmerzen erfahren. Buddha aber ging es darum, alles, was er lehrte, logisch zu begründen. Die Schöpfung, der Anfang aller Dinge, hat mit Logik nichts zu tun. Religionen, die sich einen Gott vorstellen, untersagen es ihren Anhängern, das „Wort Gottes" in Frage zu stellen oder gar abzulehnen, auch wenn es ihrer kritischen Vernunft widersprechen sollte. So besteht die Gefahr, daß sich die Gläubigen nur aus blindem Gehorsam den Geboten Gottes unterwerfen. Blinder Glaube führt nicht weiter auf dem Weg der Erleuchtung, meinen wir.

Bei uns steht also nicht Gott, sondern die Erleuchtung im Mittelpunkt. Der Mensch ist für sein Leben verantwortlich, er allein ist der Schöpfer seines Schicksals. Buddha hat die Welt weder erschaffen, noch ist er für ihre Mängel verantwortlich. Er zeigt uns aber Wege, wie wir aus dem gegenwärtigen Zustand des Leidens zur Vollendung gelangen können. Aus diesen und anderen Gründen ist Buddha auf die Lehre von der Existenz Gottes nicht eingegangen.

Das eine und das andere Ich

Frage: Nicht nur in der Gottesvorstellung, auch im Menschenbild gibt es wesentliche Unterschiede. Ein unabhängiges Ich, wie wir es kennen, scheint es für den Buddhisten nicht zu geben. Für ihn entsteht aus dem Ich das Leid. Heute betont bei uns besonders die analytische Psychologie, wie wichtig ein starkes Ich ist. Wie erklären Sie solche grundlegenden Denkunterschiede?

Seine Heiligkeit: Unser Körper weiß, wonach ihn verlangt: Wird er durstig, dann trinken wir. Buddha hat alles Begehren Durst genannt. Durst ist für ihn die treibende Kraft, durch die sich der Daseinskreislauf weiterbewegt. Ohne diesen Durst könnten wir auch nicht die Erlösung, die Buddhaschaft, erreichen. Aber bereits auf der Ebene des Körperbewußtseins gilt es zu unterscheiden, den Körper kann es auch nach schädlichen Dingen verlangen. Er kann süchtig werden, sich durch alle möglichen Genußmittel selbst zerstören.

Alle Dinge haben zwei Seiten. So verhält es sich auch mit dem menschlichen Ich. Da ist das egoistische Ich, das sich ständig aufbläht und zum unheilvollen Unruhestifter wird. Auch wenn man durch die Ichsucht sich rücksichtslos durchsetzt, so schadet man damit nicht nur anderen, sondern auch sich selbst. Dieses Ich verursacht Leid. Dann gibt es das Ich des Willens, das den Mensch sagen läßt: „Ich kann, ich muß, ich will."

Wenn dieses Willenszentrum fehlt, dann kann man sich nicht mit den negativen Seiten wie Zorn, Neid oder Haß auseinandersetzen, sondern wird von ihnen überschwemmt. Unsere Empfindungen und Gefühle reagieren spontan, wir wollen etwas haben oder lehnen es ab. Nur ein stark ausgeprägter Wille kann mit den verschiedenen Gefühlen fertig werden.

Es gibt Heilpflanzen und Giftkräuter

Frage: Ständig müssen wir wählen, aber unsere Gefühle sind zwiespältig ...

Seine Heiligkeit: Es stimmt, daß unsere Gefühle einander ähneln. So ist es mit dem Selbstvertrauen und dem Stolz, beide haben mit der Wertschätzung der eigenen Person zu tun. Stolz macht herrisch, eingebildet und rücksichtslos, aber ohne Selbstvertrauen werden wir kaum etwas erreichen. Demut kann krankhafte Scheu sein, das Gefühl von Ohnmacht oder ein großherziges Dienen für die anderen – der Mut zu dienen. Durch den Zorn wird man oft handgreiflich. Man kann sich aber auch über Unrecht erzürnen und sich dann für Gerechtigkeit einsetzen.

Als ich jung war, wurde ich leicht zornig. Das liegt vielleicht bei uns in der Familie, weil mein Vater ein ähnliches Temperament hatte. Heute aber ist es mir durch geistige Übungen gelungen, meine Zornwallungen zu kontrollieren. Wir sollen nicht aufhören, unseren Geist zu üben, denn nur so wird der Verstand fähig zu unterscheiden, was ihm nützt oder was ihm schadet. Um mich in dieser Haltung zu bestärken, stelle ich mir immer wieder folgendes Bild vor: Ich stehe allein da, mir gegenüber befindet sich eine große Menschenmenge. Und ich frage mich selbst: „Wessen Interessen sind wichtiger? Meine oder die der zahllosen anderen Menschen?"

Mit den Gefühlen ist es wie mit Pflanzen oder Früchten, manche sind für den Menschen sehr bekömmlich, andere sind giftig, und man soll sie meiden. In diesen Tagen habe ich in Washington das „Holocaustmuseum" besucht. Es war für mich ein Sinnbild, wozu Menschen im Guten wie im Schlechten fähig sind. Hier Schreckensbilder von den Qualen des jüdischen Volkes, da Bilder von Menschen, die, um andere zu retten, ihr Leben geopfert haben.

Auch Liebe und Haß scheinen einander ähnlich und haben doch so unterschiedliche Auswirkungen. Oft schlägt liebendes Begehren um und wird zu verzehrendem Haß. Haß schadet immer, treibt die Menschen zu den schlimmsten Greueln. Wir haben den freien Willen zu entscheiden, ob wir hassen oder lieben wollen.

Mahākarunā

Frage: Lassen sich *Mahākarunā,* die große liebende Hinwendung zu allen Lebewesen, das Hauptelement des tibetischen *Mahāyāna-Buddhismus,* und die christliche Nächstenliebe miteinander vergleichen, von der es im „Hohenlied der Liebe" heißt: „Liebe sucht nicht nach dem eigenen Vorteil, sie läßt sich nicht erbittern, sie freut sich an der Wahrheit ..."?

Seine Heiligkeit: Das ist schwierig zu sagen. Vielleicht unterscheiden sie sich dadurch, daß *Mahākarunā* zwar ein Mitgefühl, aber kein Mitleid ist. Ich weiß nicht, ob man im Christentum da auch unterscheidet. Wenn man jemanden bemitleidet, kann es leicht dazu kommen, daß man auf sein Leben und sein Schicksal herunterblickt. Das wollen wir auf keinen Fall. Die liebende Hinwendung in buddhistischer Sicht besagt, daß man den anderen wirklich ernst nimmt. Die Liebe muß auch unbefangen sein und darf nicht bei der Sympathie, die man für Freunde oder die eigene Familie empfindet, haltmachen. Sie schließt auch die Gegner mit ein.

Liebe, die niemanden ausgrenzt

Frage: In meiner eigenen Sprache, im Deutschen, umfaßt das Wort Liebe ein breites Spektrum von Gefühlen. Auf jeden Fall denkt man an ein inniges und starkes Empfinden der Zuneigung. Die Form der Liebe, von der Sie sprechen, beruht also auch auf klarer Einsicht. Sie schließt auch Menschen mit ein, die einem nicht sympathisch sind.

Seine Heiligkeit: Echte Liebe hängt, wie gesagt, nicht von einer besonderen Beziehung ab, sie braucht keine persönliche Bindung. Daher muß man lernen, die Gefühle der Neigung oder Verliebtheit nicht mit wirklicher Liebe zu verwechseln. Nur zu oft schwindet mit der persönlichen Zuneigung auch die Freundlichkeit zum Mitmenschen. Man ist dann nur nett zu jemandem, solange er einem gefällt.

Mahākarunā, die große liebende Zuwendung zu allen Wesen, ist für den *Mahāyāna-Buddhismus* eine Grundhaltung. Sie ist für uns das Kostbarste. Wir sagen, daß sie bestehenbleiben wird, solange es leidende Wesen gibt. Unser Mitgefühl können wir immer noch größer werden lassen, denn der liebenden Hinwendung sind keine Grenzen gesetzt. Für diese Einstellung ist der Glaube an die Reinkarnation wichtig, denn im Rad der Wiedergeburten, im ewigen Kreislauf, werden alle Wesen füreinander Mutter und Vater.

Die Wiederkehr des Erleuchteten

Frage: Die Lehre von der Reinkarnation aller Wesen steht mit der christlichen Tradition nicht im Einklang, weil bei uns das „Leben in Christus" bereits als das Endziel angesehen wird. Trotzdem glauben sehr viele Europäer, nach Umfragen jeder vierte, an die Wiedergeburt ...

Seine Heiligkeit: Wie wir im nächsten Leben wiedergeboren werden, hängt von unserer Geisteshaltung im vorigen Leben ab. Wir glauben an vier Arten der Wiedergeburt. Im allgemeinen steht es nicht in unserer Macht zu wählen, unter welchen Umständen wir wiedergeboren werden. Unser Zustand während des Sterbens hat einen Einfluß darauf, welche karmischen Anlagen zur Auswirkung kommen. Auf der untersten Stufe wird eine Reinkarnation völlig durch die Handlungen im vorhergehenden Leben bestimmt. Auf der nächsten Ebene kann die Wahl des Ortes oder die Umgebung des neuen Lebens mit beeinflußt werden. Es gibt auch Menschen, die besonders befähigt sind, als religiöse Lehrer oder Meister zu wirken. Auf der letzten Stufe steht der vollkommen erleuchtete Buddha, er wird nur noch wiedergeboren, um anderen beizustehen.

Nach tibetischer Tradition glauben wir, daß wir in unserer Daseinsform als Menschen, als geistige Wesen nicht die Früchte früherer Existenzen aufbrauchen sollen. Das heißt, wenn wir uns durch gute Taten und eine richtige Lebensweise in einer früheren Existenz ein gutes Karma angesammelt haben, dann sollen wir das nicht jetzt durch unser Wohlleben verbrauchen. Wir sollen uns also nicht zurücksetzen und uns auf den Lorbeeren unserer guten Taten ausruhen, sondern den Blick nach vorne richten und weiter nach mehr Vollkommenheit streben. Für uns ist das menschliche Leben in sich etwas sehr Wertvolles und eine große Chance auf dem Weg der Vervollkommnung.

Jetzt soll man Gutes tun

Frage: Das Ziel der Vervollkommnung ist das *Nirvāna*, das „Verlöschen" allen Leidens …

Seine Heiligkeit: Unser Dasein von der Geburt bis zum Tode ist voller Leid. Ziel unseres religiösen Strebens muß es sein, das Leiden zu beenden. Wer die Leidhaftigkeit dieser Welt *(Dukha)* einmal überwunden hat, befindet sich im Zustand der Befreiung. Leiden – damit sind nicht nur die Dinge gemeint, die unangenehm sind, sondern das Leben an sich, das dem ewigen Werden, dem Entstehen und Vergehen unterworfen ist. *Nirvāna* ist das letzte, schwer zu erreichende Ziel, die Einkehr in den völligen Frieden. Das darf uns nicht dazu verleiten, das Naheliegende zu vergessen, sondern soll unser Mitgefühl für andere Menschen immer größer werden lassen, um ihnen zu helfen.

Es geht nicht um materielle Träume

Frage: Dem Buddhismus geht es also darum, das leidvolle „Rad der Wiedergeburt" zum Stillstand zu bringen. Eine „verwestlichte" Auffassung der Lehre von der Reinkarnation hofft, durch bessere Wiedergeburten der „Selbstverwirklichung" immer näher zu kommen. Jedes neue Leben, so hofft man, soll eine bessere Daseinsform bringen.

Seine Heiligkeit: Was versteht man unter einem guten Leben? Es ist nicht mit einem angenehmen Leben gleichzusetzen, in dem sich alle materiellen Wünsche und Träume erfüllen. Es ist vielmehr ein Leben, das in ethischer Verantwortung gelebt wird. Ein Leben, in dem man nicht nur an sein eigenes Wohlergehen denkt, sondern den anderen dient. Nur durch gute Taten entsteht ein gutes Karma. Dadurch wird man ein besserer Mensch und findet nicht nur in diesem, sondern auch im nächsten Leben einen wahrhaft besseren Platz. Man wird auf dem Weg zum *Nirvāna* eine höhere Stufe erreichen. Jede Seele ist die Fortführung einer früheren

Seele. Wir begründen den Glauben an die Wiedergeburt hauptsächlich mit der Kontinuität des Geistes, mit dem universellen Gesetz von Ursache und Wirkung. Von dieser Vorstellung stammen die buddhistischen Theorien vom fortdauernden Bewußtsein, von den Wiedergeburten und vom Karma.

Gute Taten, böse Taten

Frage: Das Karma ist also als Einheit von Tat und Wirkung zu verstehen. Mit anderen Worten: der Mensch wird, was er getan hat. Er bestimmt im gewissen Sinne durch sein Handeln schon den Mutterleib, der ihn wiedergebären wird. Heißt das, daß man aus dem Schicksal eines Menschen sein früheres Handeln ablesen kann?

Seine Heiligkeit: Nach unserer Vorstellung wird im Augenblick des Todes das Bewußtsein von allen Absichten und Motiven, von allen Taten und Erfahrungen des Sterbenden geprägt. Die Wirkung vergangener Taten bestimmt die Richtung, den Verlauf des nächsten Lebens. Was wir anderen angetan haben, wird auf uns im kommenden Leben zurückfallen. So dauert das Bewußtsein fort und wird gemeinsam mit dem angesammelten Karma in einem neuen Körper wiedergeboren.

Das kann in der Existenzform eines Tieres, eines Menschen oder in einem göttlichen Wesen geschehen. Nehmen wir zum Beispiel den Sprößling eines Baumes. Die Wirkung, nämlich die Pflanze, entsteht aus ihrer früheren Ursache, das heißt dem Samen. Ein gutes Karma entsteht durch edle Eigenschaften wie Genügsamkeit, Zufriedenheit, Demut, Geduld und Vergebung. Schlechtes Karma kann durch Reue geschwächt werden.

Man muß die schlechte Tat mit der festen Absicht bereuen, daß man sie in Zukunft unterlassen wird. Wir können erst aus dem unaufhörlichen Kreislauf von Geburt, Leiden, Tod und Wiedergeburt befreit werden, wenn das gesamte negative Karma ausgelöscht worden ist. Das heißt: Erst wenn wir uns von allem weltlichen Verlangen gelöst haben, werden wir die Buddhaschaft erreichen.

Aber das Karma ist sehr vielschichtig, und nicht alles, was geschieht, hat mit karmischen Kräften zu tun. Der menschliche Körper zum Beispiel ist aus einer Tausende von Jahren langen Entwicklung hervorgegangen. Es ist daher schwierig, genau abzugrenzen, wo der Einfluß des Karmas sich auswirkt und wo Naturgesetze zur Geltung kommen.

Wer nichts tut, handelt trotzdem schlecht

Frage: Besteht nicht die Gefahr, daß einen der Gedanke an ein Karma zu einer fatalistischen, schicksalsergebenen Haltung verleitet …

Seine Heiligkeit: … Manche Tibeter sagen ständig: „Ja, das ist halt das Karma. Ja, das ist halt das Karma." Damit wollen sie die Verantwortung abschieben. Das ist natürlich falsch. Gerade der Karma-Gedanke zeigt ja, daß wir für unser Schicksal verantwortlich sind und unser Leben in die Hand nehmen sollen. Wir meinen, daß es hauptsächlich auf die Absicht ankommt. Solange man Gutes will und es doch schlecht herauskommt, wird das keine ungünstigen Auswirkungen haben. Andererseits, wenn wir nichts tun, obwohl jemand auf unsere Hilfe angewiesen ist, dann kann das zu karmischen Verwicklungen führen.

Es gibt ein kollektives und ein individuelles Karma. Das kollektive Karma betrifft eine Gesellschaft, eine Gemeinschaft oder eine Familie. Doch den einzelnen, und das scheint mir entscheidend zu sein, treffen nur Handlungen, die er selbst vollbracht hat. Alles, was einem Einzelwesen widerfährt, hängt von seinen guten oder bösen Motiven ab. Sie sind die Wurzel seiner Handlungen und Erfahrung. Das Karma hat also eine metaphysische und eine ethische Seite. Ein schlechtes Karma muß durch gute Taten, durch ein gutes Leben unwirksam gemacht werden.

Tibets Blick nach innen

Frage: Hat die gegenwärtige politische Lage in Tibet, die den Tibetern unermeßliches Leiden verursacht, etwas mit dem kollektiven Karma des tibetischen Volkes zu tun?

Seine Heiligkeit: Die gegenwärtige Tragödie in Tibet ist die Folge eines negativen Karmas der gegenwärtigen Generation. Die Bedingungen dafür sind in der vorigen Generation entstanden. Und dann hat sich Tibet zu Beginn des Jahrhunderts zu sehr von der Welt abgeschlossen und es versäumt, sich als selbständiger Staat von der Staatengemeinschaft anerkennen zu lassen. Man kümmerte sich nicht um die Entwicklungen, die in den Nachbarstaaten, besonders in China, stattfanden.

3. Aufgabe der Religionen

Auf dem Pfad des Guten

Frage: Die Weltreligionen stammen aus unterschiedlichen Kulturkreisen. Sie haben sich oft entwickelt, ohne überhaupt zur Kenntnis zu nehmen, daß es auch noch andere Religionen gibt. Das gilt ganz besonders für die monotheistischen Religionen, die sich mit ihrem absoluten Wahrheitsanspruch von anderen Lehren abgegrenzt und Andersgläubige sogar bekämpft haben. Gibt es trotzdem etwas Gemeinsames, das alle Glaubensrichtungen miteinander verbindet?

Seine Heiligkeit: Ja, die Liebe. Sie kann die verbindende Kraft sein, die alle anderen Unterschiede übersteigt. Alle großen Religionen auf dieser Welt, ob es Buddhismus, Judaismus, Christentum, Islam, Konfuzianismus, Hinduismus, Jainismus, der Glaube der Sikhs, Taoismus, Zoroastrismus ist – alle haben ähnliche Vorstellungen vom Ideal der Liebe. Der letzte Sinn ihrer religiösen und spirituellen Übungen ist die tätige Nächstenliebe. Die großen religiösen Lehrer der Menschheit wollten ihre Anhänger von schlechten Handlungen abbringen und sie durch ihre Lehre auf den Pfad des Guten bringen.

Alle Glaubensrichtungen suchen Antworten auf die grundlegenden Fragen des Daseins und geben ihren Gläubigen ethische Verhaltensregeln. So lehren alle Religionen in ihren Geboten, daß wir nicht lügen, nicht stehlen, nicht töten sollen. Diese Gebote sind für uns wegweisend.

Hier sehe ich keine großen Unterschiede. Nach meiner Überzeugung sollten die Religionen ihre Anhänger lehren, alle Menschen als Brüder oder Schwestern zu betrachten. Nur so können sie lernen, einander in Toleranz und im gegenseitigen Verständnis zu begegnen.

Die beste Medizin

Frage: Nicht alle religiösen Führer werden Ihre Ansicht teilen. Gerade die verschiedenen Meinungen darüber, was dem Heil der Menschen dienlich ist, haben auf der ganzen Welt viele Bibliotheken gefüllt.

Seine Heiligkeit: Wenn wir uns aber zu sehr bei dogmatischen Unterschieden aufhalten, die durch geschichtliche und kulturelle Bedingungen entstanden sind, werden wir uns in endlose scholastische Diskussionen verstricken. Ich persönlich halte es für viel wichtiger, mich meinen täglichen Aufgaben zu widmen und mich mit aller Kraft dafür einzusetzen, daß das Gute in der Welt zunimmt. Vielleicht kann man die vielen Religionen auch mit den unterschiedlichen Heilmethoden vergleichen, deren sich die Ärzte bedienen.

Ein guter Arzt weiß eben, was die beste Medizin für seine Patienten ist. Gemeinsames Ziel aller Therapien ist es doch, daß sie den Patienten heilen wollen. Manchmal habe ich die Religionen auch mit verschiedenen Speisen verglichen, die den unterschiedlichen Bedürfnissen und Neigungen der Menschen entsprechen. Trotz aller philosophischen Unterschiede ist es die wichtigste Aufgabe aller Glaubensrichtungen, einen Beitrag zu einer glücklicheren Menschheit und einer friedlichen Welt zu leisten.

Religion als Mittel zur Macht

Frage: Warum klaffen Anspruch und Wirklichkeit auseinander, und warum ist es dann zu so vielen blutigen Religionskriegen gekommen? Es ist doch ein Widerspruch, daß viele Kriege gerade aus religiösen Konflikten entstanden sind, obwohl es das Hauptziel der Religionen sein sollte, Frieden zu stiften. Wie auch in

Nordirland und bei den unmenschlichen Auseinandersetzungen im ehemaligen Jugoslawien, deren Ursachen in einem religiösen Hintergrund zu finden sind.

Seine Heiligkeit: Leider wird die Religion oft lediglich als ein Machtinstrument benutzt, mit dem man anderen seinen Willen aufzwingen will. Dann sind sicher keine religiösen, sondern ganz selbstsüchtige Beweggründe am Werk. Unglücklicherweise trugen und tragen die Religionen immer wieder dazu bei, daß die Trennungen und Feindschaften unter den Menschen noch zunahmen. Statt zu helfen, schafft die Religion dann noch zusätzliche Probleme. Besonders heute scheint es mir nicht so wichtig zu sein, in erster Linie die eigene Religion zu verbreiten. Der Dialog unter den Religionen ist wichtiger.

Glaube nach eigener Facon

Frage: Bei uns nimmt die Zahl der Menschen zu, die sich von den Kirchen abwenden und ihren eigenen religiösen Weg gehen wollen. Soll jeder nach seiner „eigenen Facon" glauben?

Seine Heiligkeit: Für mich ist die Religion an eine bestimmte Überlieferung gebunden. Viele meinen, es sei schon eine Religion, wenn man an irgend etwas, eine Kraft oder Macht, glaubt, und sei es nur der Zufall, der unseren Alltag mitbestimmt. Mir geht das zu weit. Ich finde nicht, daß man das noch Religion nennen kann. Als ich mich einmal mit General Mao Zedong über dieses Thema unterhielt, sprach er sich zwar generell gegen jede Religion aus, gab aber zu, daß er nicht frei von Aberglauben sei. Diese Dinge haben doch nichts miteinander zu tun. Wenn ich Religion sage, dann meine ich eine bestimmte Religion mit ihrer Geschichte, mit ihren traditionellen Lehren.

Hoffnung wider alle Betrübnis

Frage: Eure Heiligkeit, unterscheiden sich Menschen, deren Leben durch das Gebet und die Meditation geprägt sind, von Menschen, denen die religiöse Dimension fehlt?

Seine Heiligkeit: Ich glaube, wenn man ernsthaft Tag für Tag wirklich der Lehre seiner Religion nachgeht, daß sich die gesamte Lebenseinstellung allmählich zu verändern beginnt. Besonders in Not- und Krisenzeiten vermag die Religion, wie schlimm die Umstände auch sein mögen, den Menschen Vertrauen und Zuversicht zu schenken. Sie zeigt, daß es trotz aller leidvollen Erfahrungen einen unzerstörbaren letzten Sinn gibt. Denn die Religion schenkt der Menschheit in geheimnisvoller Weise eine Hoffnung, die stärker ist als alle Widerstände, als alle Bedrängnis.

Nur wenigen ist es wirklich ernst

Frage: Auf der anderen Seite gibt es ja viele Menschen, die zwar einer Religionsgemeinschaft angehören, die sich aber in ihrem täglichen Leben von ganz anderen Dingen leiten lassen …

Seine Heiligkeit: Unter den fünf Milliarden Menschen auf der Welt gibt es wahrscheinlich weniger als eine Milliarde, die wirklich tief in einer Religion verwurzelt sind und täglich religiöse Übungen ausführen. Menschen, die auch unter größten Herausforderungen dank ihres Glaubens nicht die Fassung verlieren. Das heißt, für die anderen spielt die Religion bei wichtigen Entscheidungen oder in Krisen nur eine Nebenrolle. Ihr Glaube ist nicht wirklich tief verankert. Sie nennen sich zwar Christen, Buddhisten, Hindus oder Muslime, aber oft ist das nicht mehr als ein Name für sie. Wenn es wirklich darauf ankommt, dann zählt die Religion nicht mehr. Daher denke ich, daß die Menschen, die ihre Lebensentscheidungen wirklich auf der Religion gründen, doch nicht so zahlreich sind. Daher ist die Frage sehr dringlich, wie man die vielen Menschen, in deren Leben die Religion kaum mehr Bedeutung hat, überhaupt noch erreichen kann.

Assisi 1986

Frage: Eure Heiligkeit, war für Sie das Gebetstreffen für den Weltfrieden 1986 in Assisi, zu dem Papst Johannes Paul II. die Weltreligionen eingeladen hatte, ein Zeichen dafür, wie Religionen zusammenwirken können?

Seine Heiligkeit: Ja, besonders durch das Gebetstreffen in Assisi sind neue Beziehungen zwischen den Religionen entstanden. Wir kamen zusammen und beteten, jeder nach seinem Glauben und seinem Religionsverständnis. Und wir konnten auch voneinander lernen, konnten ein neues Verständnis von der anderen Religion gewinnen. Als Tibet noch isoliert war, dachten wir, unsere Religion sei die beste. Jetzt aber erscheint mir die Begegnung mit anderen Religionen als gegenseitige Bereicherung, besonders weil, wie gesagt, unsere gemeinsame Aufgabe darin besteht, uns für das Wohl der gesamten Menschheit einzusetzen.

Gebete für die Welt

Frage: Es gibt auch kritische Stimmen, die befürchten, Begegnungen wie in Assisi könnten zu einer Vermischung und Relativierung der Traditionen, zu einem Synkretismus führen …

Seine Heiligkeit: Nicht nur in Assisi, auch bei anderen Gebetstreffen gab es Kritiker. Sie fragten, wie denn die Buddhisten überhaupt beten könnten, wo sie doch an gar keinen Schöpfergott glauben. Gerade beim gemeinsamen Gebet sind diese Unterschiede doch nicht wichtig. Allein die Tatsache zählt, daß wir überhaupt gemeinsam beten, uns gemeinsam zu unserem Einsatz für den Weltfrieden bekennen. Man kann nämlich in Harmonie zusammen beten, auch wenn die einen ein Höchstes Wesen, die anderen einen Schöpfer und wir Buddha verehren.

Unterstützten die Kirchen den Dalai Lama?

Frage: Unterstützten die christlichen Kirchen den Dalai Lama bei seinem Einsatz für Tibet?

Seine Heiligkeit: Bei meinem Treffen mit dem Erzbischof von England sagte er mir, daß er für das tibetische Volk beten würde. Schon am nächsten Tag rief er zum Gebet für Tibet auf. Mit dem Papst bin ich schon einige Male zusammengetroffen. Ich schätze ihn sehr. Wir sprechen bei solchen Gelegenheiten über den Stellenwert religiöser Themen in einer modernen Welt und wie man zu einem besseren Verständnis unter den Religionen gelangen kann. Der Dialog zwischen dem Buddhismus und dem Christentum hat sich bestimmt vertieft. Weil der Papst aus Polen kommt, können wir unsere Erfahrungen mit kommunistischen Systemen austauschen. Zwischen uns herrscht ein spontanes Verständnis. Mir scheint Johannes Paul II. ein spiritueller Papst zu sein. Dafür spricht auch, daß er den Mann, der ihn ermorden wollte, seinen Bruder genannt hat.

Nur mehr eine einzige Weltreligion?

Frage: Wird es im nächsten Jahrtausend eine einzige Weltreligion geben?

Seine Heiligkeit: Einigkeit unter den Weltreligionen heißt nicht, daß alle Religionen zu einer einzigen Weltreligion verschmelzen sollen. Bei allen Gemeinsamkeiten, von einer einzigen „Weltreligion" halte ich wenig. Es würde dann ja auch die Vielfalt der Kulturen und Lebensweisen verschwinden. Wir sollten weiterhin an unseren Überlieferungen festhalten. Manche fühlen sich wegen der Vorstellungen eines Schöpfergotts vom Christentum angezogen. Andere wiederum spricht der Buddhismus an, weil es ihm einzig auf die eigenen Taten ankommt. Alle diese Auffassungen lassen sich sehr wohl begründen. Trotzdem können wir die Unterschiede nicht einfach verschwinden lassen. Wir können sie auch nicht durch einen einzigen universellen neuen Glauben ersetzen.

Für mich war gerade in Assisi das Wichtigste, daß wir beschlossen haben, gemeinsam, aber doch jeder auf seine Weise, die Verantwortung für den Weltfrieden zu übernehmen. Die religiösen Traditionen können nebeneinander bestehen. Sie sollen sich weder bekämpfen, noch müssen sie sich miteinander vermischen.

Bodhisattvas findet man vielerorts

Frage: Um noch einmal auf die Gemeinsamkeiten der Weltreligionen zurückzukommen. Besteht eigentlich ein Zusammenhang zwischen den beiden Religionsstiftern des Buddhismus und des Christentums, zwischen Gautama und Jesus?

Seine Heiligkeit: Ob es wirklich einen geschichtlichen Zusammenhang zwischen Gautama und Jesus gibt, wie es manchmal behauptet wird, weiß ich nicht. Als Jesus im Mittleren Osten lebte, gab es den Buddhismus mit seiner Lehre vom Buddha-Dharma und auch den Hinduismus schon seit einigen Jahrhunderten. Durch die herumziehenden Händler könnte es auch zu einem Austausch unter den verschiedenen Kulturen und Religionen gekommen sein. Vielleicht haben sich die beiden Religionen auf diese Weise beeinflußt.

Auf einer mystischen Ebene sind für uns Buddhisten besonders die großen religiösen Lehrer, von denen für zahllose Menschen über Jahrhunderte hinweg großer Segen ausging, *Bodhisattvas*, erleuchtete Wesen. Dazu gehört auch Jesus. Man kann darin natürlich auch den Versuch sehen, alle großen Menschen für den Buddhismus vereinnahmen zu wollen ...

Buddha lächelt, Jesus leidet

Frage: Auffallend ist, in welch unterschiedlicher Weise Gautama und Jesus dargestellt werden. Buddha sitzt lächelnd auf einer Lotusblüte, und Jesus – als Bild des Leidens schlechthin –, hat man ans Kreuz genagelt ...

Seine Heiligkeit: Wenn ich Ihnen eine nicht ganz ernste Antwort geben wollte, könnte ich sagen, der Unterschied kommt daher, daß Buddha ein Prinz war, der von niemandem verfolgt wurde, Jesus hingegen hatte die Hohenpriester und die Römer gegen sich. Sie lebten also unter ganz verschiedenen sozialen Bedingungen.

Buddhas Gesicht hat zwar einen lächelnden und friedlichen Ausdruck, doch das Leiden ist ein Grundelement seiner Lehre. Obwohl Buddha in eine sehr wohlhabende Familie hineingeboren wurde, verzichtete er freiwillig auf alle Annehmlichkeiten. Buddha selbst legte sich während sechs Jahren die größten Entsagungen auf. Er zog sich in die Einsamkeit zurück, meditierte und fastete. Erst dann erreichte er die vollkommene Erleuchtung. Daher ist die Meditation die wichtigste religiöse Übung im Buddhismus. Der Lebensweg der beiden Religionsstifter war von Einfachheit, Hingabe und vom Selbstopfer geprägt. Sie sind leuchtende Beispiele dafür, wie man für das Wohl der anderen Wesen freiwillig Leid auf sich nehmen kann.

Die Demut der Mutter Teresa

Frage: Sie sagten, für die Buddhisten sind Menschen, die in großer Hingabe den anderen dienen und denen die Menschheit viel zu verdanken hat, *Bodhisattvas.* Gehört dazu auch Mutter Teresa, der man den Friedensnobelpreis verliehen hat?

Seine Heiligkeit: Die Mutter Teresa ist ein Vorbild dafür, wieviel man mit der spirituellen Kraft bewirken kann. Ich bin mit ihr 1988 auf dem Flughafen von Delhi zusammengetroffen. Besonders beeindruckt hat mich ihre Demut. Aus buddhistischer Sicht ist Mutter Teresa ganz sicher ein *Bodhisattva.* Sie hat ihr Leben ausschließlich den Armen geweiht, das ist wahrhaft gelebtes Christentum. Ich weiß nicht, ob ich selbst in der Lage wäre zu tun, was sie tut.

Ein katholischer Geshe

Frage: Eure Heiligkeit, der Trappistenmönch Thomas Merton hat Sie mit dem Christentum vertraut gemacht ...

Seine Heiligkeit: Ihm verdanke ich meine tiefe Wertschätzung für das Christentum. Ich lernte Thomas Merton 1968 in Dharamsala kennen, kurz vor seinem Tod. Noch heute verkörpert er das Christentum für mich. Thomas Merton war ein tiefreligiöser Mann und voller Demut. Noch nie hatte ich eine solche Spiritualität bei einem Christen erlebt. Für mich war Thomas Merton ein katholischer *Geshe.* In den Gesprächen mit ihm habe ich festgestellt, daß sich der Buddhismus und der Katholizismus in vielen Dingen ähnlich sind. Auch später bin ich mit Christen zusammengetroffen, die etwas Ähnliches ausstrahlten. Doch dieser Trappistenmönch war der erste, der mir gezeigt hat, was es heißt, ein Christ zu sein.

Es ist beeindruckend, wie die Christen aller Konfessionen weltweit in vielen Hilfsorganisationen praktische Hilfe leisten. Hier können wir Buddhisten von den Christen lernen. Was die Meditation betrifft, so finde ich es erstaunlich, daß im Christentum dabei die Körperhaltung unwichtig ist. In der buddhistischen Meditation kommt es gerade auf die Sitzhaltung und die Atmung an. Die Christen könnten bestimmt viel von unseren Meditationstechniken lernen.

4. Die eine Menschheit

Das Wichtigste: Ein gutes Herz

Frage: Sie treffen auf Ihren Reisen mit Menschen aller Regionen zusammen. Gibt es aus Ihrer Sicht jenseits der kulturellen, geschichtlichen und geographischen Unterschiede etwas, das allen Menschen gemeinsam ist? Gibt es die eine menschliche Familie?

Seine Heiligkeit: Ja, ich begegne häufig Menschen aus den verschiedenen Kulturen, Religionen oder Ideologien. Von außen her gesehen, gibt es da große Unterschiede. Manche sind sicher auf die ganz unterschiedlichen klimatischen Bedingungen zurückzuführen. Wenn man in den kälteren Zonen lebt, ist man gezwungen, für den Lebensunterhalt mehr zu arbeiten. Auch der Süden mit seiner üppigen Natur, mit seiner Wärme hat die Menschen geprägt. Man könnte noch viele Unterschiede aufzählen ... aber wir sind doch alle Kinder der einen Menschheit. Wir alle tragen die gleiche Sehnsucht nach Glück, nach Liebe in uns. Wir alle wollen das Leiden vermindern. Wir alle wissen, wie wichtig ein gutes Herz ist.

Ein Herz voller Güte, Erbarmen und Liebe, aus dem Hoffnung und innerer Friede strömen. Daher glaube ich, daß letzten Endes ein gutes Herz die Wurzel und die Quelle für einen echten Fortschritt ist. Besonders heute ist die universelle Verantwortung, die auf Liebe und Güte fußt, für die Menschheit zu einer Frage des Überlebens geworden.

Ethik ohne Religion?

Frage: Heißt das, daß es eine globale Ethik gibt?

Seine Heiligkeit: Religion und Ethik sind nicht das gleiche. Es gibt zwar, wie bereits gesagt, ethische Grundsätze, die sich in allen

Religionen finden. Aber es kann auch eine Ethik ohne Religion geben. Es muß also eine Ethik sein, die sich nicht von einer bestimmten Religion ableitet. Sie sollte auch von Menschen mit anderen, nichtreligiösen Weltanschauungen angenommen werden können. Manche Leute meinen, Ethik oder Moral seien untrennbar mit der Religion verbunden. Wenn sie aber keinen Zugang zu einem religiösen Glauben finden, dann entsteht für sie ein Vakuum. Sie wissen nicht, wonach sie sich richten sollen. Es geht darum, Richtlinien zu finden, die allen Menschen einleuchten. Erst dann können wir von einer globalen Ethik sprechen.

In unserer Zeit sind Gedanken über Moral und Ethik ganz gewiß keine intellektuellen Spielereien. Heute geht es um das Überleben. Wir alle tragen die Verantwortung, wie unser Planet vor der Zerstörung geschützt werden kann. Daher müssen wir nach gemeinsamen Lösungen suchen. Früher konnte man es sich vielleicht leisten, auf den nationalen Unterschieden zu beharren. Das ist aber heute vorbei. Denken Sie an die moderne Wirtschaft. Auch die allgemeinen Menschenrechte gehen von der Vorstellung der einen Menschheit aus. Man kann sagen, das ist eine neue Menschheitsideologie, die alle angeht.

Unsere geliebte Mutter

Frage: Eure Heiligkeit haben einmal gesagt, daß die Liebe zwischen Mutter und Kind die Grundlage für jede globale Ethik sei. Wie haben Sie das gemeint?

Seine Heiligkeit: Nach unserer Lehre kommen wir alle unzählige Male auf diese Welt. Daher stellen wir uns vor, daß jedes Lebewesen irgendwann einmal ein Elternteil von uns gewesen ist. Die buddhistische Tradition lehrt uns, jedes Lebewesen als „unsere geliebte Mutter" anzusehen, der man Dankbarkeit erweisen soll. Sowohl am Beginn als auch am Ende unseres Lebens sind wir auf die Zuwendung und die Pflege der anderen Menschen angewiesen. Warum sollen wir uns dann nicht in der Phase unseres Lebens, in der wir für uns selbst sorgen können, um andere Menschen kümmern? Das betrifft auch Leute, die nicht religiös sind. Für jeden beginnt das Leben mit der Beziehung zwischen Mutter und Kind. Bereits am ersten Tag richtet das Kind sein ganzes Vertrauen auf die Mutter. So entsteht ein Urvertrauen in das Leben.

Der Krieg beginnt innen

Frage: Das Bild von der Vertrautheit zwischen Mutter und Kind zeigt, daß es dem Buddhismus in erster Linie um die Umwandlung des einzelnen Menschen geht. Im Abendland scheint man bei der Bewältigung von Problemen meist mehr von gesellschaftlichen Veränderungen zu erwarten ...

Seine Heiligkeit: Sicher, auch die gesellschaftlichen Bedingungen sind wichtig. Aber viele Konflikte und Störungen, unter denen die Welt leidet, hängen direkt mit der menschlichen Natur zusammen. Zum Beispiel die menschliche Aggressivität. Dieser feindseligen Haltung des Menschen ist es auch zuzuschreiben, daß auf der Welt ständig neue Kriege ausbrechen. Sie findet sich in fast allen Kulturen und ist tief in den Menschen verwurzelt. Äußere Maßnahmen reichen bei dieser feindseligen Haltung nicht aus. Aus diesem Grund, bemüht man sich im Buddhismus vor allem um die Transformation, um die Umwandlung des einzelnen. Diese Umwandlung heißt aber nicht, daß ein „neuer Mensch" entsteht. Unsere guten Eigenschaften sollen immer mehr und unsere schlechten dadurch immer weniger werden.

Alles hängt von allem ab

Frage: In unserem Jahrhundert haben es besonders die technischen Erfindungen bewirkt, daß die Interdependenz, die gegenseitige Abhängigkeit, in fast allen Bereichen zugenommen hat ...

Seine Heiligkeit: Durch die weltweite Vernetzung sind wir in einem viel höheren Maß aufeinander angewiesen. Früher lebte man in abgeschlosseneren Gesellschaften. Man mußte sich vor allem mit lokalen oder regionalen Problemen auseinandersetzen. Jetzt ist es wichtiger denn je geworden, daß wir lernen, ein universelles Verantwortungsgefühl zu entwickeln. Heute führen uns besonders die Vereinten Nationen vor Augen, daß wir eine Völkergemeinschaft sind. Auch wenn sie noch im Schatten des Zweiten Weltkrieges entstanden sind und ich das Vetorecht der fünf Staaten des Sicherheitsrates für undemokratisch halte. Die Konflikte im früheren Jugoslawien haben gezeigt, daß die Welt aufmerksamer auf Krisen reagieren soll. Auch wenn wir am Leiden der Menschen dort nur im Geist Anteil nehmen können.

Wir hängen alle voneinander ab. Ich nenne das einen „weisen Egoismus". Denn mit einer positiven und verantwortungsvollen Einstellung zu sich selbst nützt man ja auch den anderen. Wenn man so denkt, dann besteht zwischen dem Eigeninteresse und dem Gemeininteresse gar kein Gegensatz. Nur so haben wir eine Chance, mit den großen Gefahren fertig zu werden, von denen die gesamte Menschheit bedroht wird. Lediglich durch gemeinsame Bemühungen wird es gelingen, die drohenden Gefahren, wie die nukleare Verwüstung oder die Umweltzerstörung, abzuwenden.

Krise als Chance

Frage: Auch wenn sich etwas in einem völlig entlegenen Winkel ereignet, erfährt in kürzester Zeit die ganze Welt davon. Die raschen Informationen von Kriegsschauplätzen, Naturkatastrophen, Flugzeugabstürzen haben aber auch die Angst vor einer bedrohlichen Welt wachsen lassen. Gibt es angesichts der vielen Schreckensbilder überhaupt noch einen Hoffnungsschimmer?

Seine Heiligkeit: Sicher, die globalen Bedrohungen sind gefährlich. Wenn die Menschen aber wachgerüttelt werden, dann könnten sie zu heilsamen Krisen, zu Chancen werden. Sie zwingen uns, den Fehlern auf den Grund zu gehen. Erst wenn man die Ursachen kennt und konsequent handelt, kann es gelingen, drohendes

Unheil abzuwenden. Wir stehen ständig in der Spannung zwischen dem Denken auf kurze oder auf lange Sicht. Oft gibt es schnelle Lösungen, die rasch Vorteile bringen. Besser aber ist es, nach Lösungen zu suchen, die beständig sind. Mancher kurzfristige Nutzen kann sich, wenn man ihn auf das Ganze sieht, als schädlich erweisen. Für mich ist deshalb der Erfolg im Heute nicht das Entscheidende. Um etwas langfristig zu verändern, muß man lernen, falls es notwendig ist, kurzfristig zu verzichten. Wenn man begonnen hat, konkret etwas gegen die Gefahr zu unternehmen, wird man mit mehr Zuversicht der Zukunft entgegensehen können.

Zur Suche nach neuen Konzeptionen sind alle aufgerufen

Frage: Brauchen wir zur Lösung der heutigen Probleme völlig neue Konzeptionen?

Seine Heiligkeit: Am Ende des zweiten Jahrtausends muß uns bewußt werden, daß Vorstellungen, die noch aus dem 19. Jahrhundert stammen, heute oft nicht mehr ausreichen. Besonders die Wissenschaftler sind aufgerufen, nach neuen Konzeptionen zu suchen. Allerdings habe ich manchmal den Eindruck, daß die westlichen Experten oft nur an ihrem eigenen Fachgebiet interessiert sind. Sie könnten darüber vergessen, daß sie mit ihrer Arbeit ja dem Wohl der Menschheit dienen sollen. Ich habe allerdings auch Naturwissenschaftler getroffen, die mit innerer Anteilnahme und Liebe an ihr Werk gingen.

Bestimmt sollte die Suche nach neuen Konzeptionen auch ein Hauptanliegen der Schulen und Universitäten sein. Die Zukunft hängt in den reichen und wie in den armen Ländern weitgehend von einer guten Erziehung der jungen Generation ab. Wichtig ist eine Ausbildung, die den jungen Menschen eine möglichst tiefe Einsicht in gesellschaftliche und kulturelle Zusammenhänge verschafft.

Viele Schwierigkeiten, wie die zunehmende Verelendung in manchen Gegenden der Welt, der Verlust von ethischen Werten, die zunehmende Gewalt, sind durch den Menschen entstanden und müssen vom Menschen gelöst werden. Diese Probleme wirken sich nicht nur auf einige Nationen oder einen bestimmten Erdteil aus, sondern der ganze Globus ist von ihnen betroffen. Die ganze Völkergemeinschaft ist aufgerufen, gemeinsam nach Lösungen zu suchen. In der Vergangenheit entstand viel Leid aus Ideologien und Konzepten, die der Wirklichkeit nicht gerecht wurden. Die Erfahrung lehrt uns, daß wir einen umfassenden Entwurf finden müssen, auf der Basis von Liebe und Güte.

Kein religiöser Luxus, sondern eine Frage des Überlebens

Frage: Sind ethische Gebote der Religion, wie die Forderungen der Bergpredigt, heute mehr denn je nicht nur fromme Worte, sondern gewissermaßen Vorschläge, wie die Menschen überleben können?

Seine Heiligkeit: Ja, es geht hier, wie auch in vielen buddhistischen Texten, nicht um schöne Worte, um religiöse oder moralische Lehren. Die Frage, ob wir uns in liebender Haltung allen Dingen zuwenden werden, ist kein „religiöser Luxus". Es ist auch keine religiöse Forderung, an die man glauben oder nicht glauben kann. Oft denken die Menschen, Mitleid und Vergebung seien rein religiöse Themen. Diese Dinge beziehen sich aber auf alle Lebensbereiche. Ja es ist für das Überleben dieses Planeten entscheidend, ob möglichst viele Menschen eine liebende Einstellung zu ihrer Umwelt entfalten können. Dieser Geist muß freiwillig entwickelt werden. Man kann ihn niemandem gewaltsam aufzwingen. Wenn es der Menschheit nicht gelingt, diese allumfassende Sicht der Liebe zu entfalten, dann weiß ich nicht, welche Zukunft uns erwarten soll.

5. Dialog mit der modernen Welt

Eine Brücke zwischen Wissen und Glauben

Frage: Manche sagen, im Buddhismus komme alles auf den Verstand und auf intellektuelle Beweisführungen an. Wie verhält sich der Glaube zum Wissen?

Seine Heiligkeit: Heute stehen sich Materialisten und Gläubige meist als zwei Lager gegenüber. Oft wird der Buddhismus von beiden Seiten angegriffen. Den einen erscheint die Meditation als Entschuldigung zum Nichtstun, zur Faulheit, die anderen bemängeln, er sei ja nur eine Wissenschaft, aber keine Religion. Wir Buddhisten stehen zwischen Wissen und Glauben, daher bilden wir eine Brücke zwischen beiden Extremen. So können wir auch in der Zukunft einen wichtigen Beitrag leisten.

Wie schon der große Meister des „Mittleren Weges" *Nāgārjuna* (2./3.Jh.) immer wieder betont hat, erfordert der spirituelle Weg einen Einklang zwischen Glauben und Geist. Man kann sagen, der Buddhismus ist ein geistlich-philosophisches System. Wahrscheinlich messen wir dem Wissen eine größere Bedeutung zu als dem Glauben. Viele Phänomene sind dem Verstand durch logische Beweise zugänglich.

Aber es gibt auch Erkenntnisstufen, die wir selbst nicht erreichen und auch nicht nachprüfen können. Da schenken wir Buddha, als einem Zeugen der Erleuchtung, unseren Glauben. Wir glauben ihm aber nicht „blind", sondern weil wir wissen, daß sich andere Teile seiner Lehre als zuverläßlich erwiesen haben. Buddha selbst hat uns aufgefordert, etwas nicht einfach zu glauben, nur weil es Buddhas Worte sind. Sondern wir sollen wie Goldschmiede sein, die Gold durch verschiedene Verbrennungsprozesse hindurch auf seinen Wert hin prüfen.

Der „Mittlere Weg“

Frage: Und wie verhält es sich mit der Meditation?

Seine Heiligkeit: Ich glaube in der Tat, daß die Menschheit von unserer alten und sehr hoch entwickelten Meditationsweise etwas lernen kann. Unsere Meditation läßt sich mit jedem Glauben vereinen. Wie ich es den Menschen überall auf der Erde immer wieder sagen möchte, beginnt der Weltfriede in einem friedvollen Herzen. Es geht um nichts anderes, als um Liebe und Mitgefühl im eigenen Herzen wachsen zu lassen und die innere Unruhe, von der wir geplagt werden, zu überwinden.

Die moderne Technik hat vielen Menschen ein angenehmes Leben, aber damit auch neue Probleme gebracht. Denken Sie an die Zerstörung der Umwelt, die ständig wachsenden Städte mit ihrem Lärm, ihrer Hektik und ihrer Wohnungsnot. Vor allem fehlt dort oft der geistige Friede. Ständig entstehen Extreme, und besonders im *Mahāyāna-Buddhismus* geht es darum, einen mittleren Weg zu finden und Gegensätze auszugleichen. Wenn der innere Friede fehlt, wird man auch im größten Wohlstand nicht zufrieden sein. Gerade im täglichen Lebenskampf ist es wichtig, innere Ruhe und eine Klarheit zu entwickeln. Mit einer solchen Haltung lassen sich alle Widerwärtigkeiten besser lösen, als wenn wir uns von Gefühlen wie Haß, Egoismus, Eifersucht und Wut überwältigen lassen. In solchen Momenten sind wir wie blind und lassen uns zu unüberlegten Taten hinreißen.

Die neue Menschheit ist die alte

Frage: Die großen Weltreligionen sind in ferner Vergangenheit unter völlig anderen Bedingungen entstanden. Braucht die Menschheit für die so ganz andere moderne Welt eine neue Art von Religion?

Seine Heiligkeit: Ich kann mir vorstellen, daß es vielen Menschen schwerfällt, in einer modernen säkularisierten Welt den

Kern des religiösen Anliegens noch zu verstehen. Von außen her betrachtet, ohne innere Anteilnahme, mag einem die Religion altmodisch und nicht mehr zeitgemäß vorkommen. Es stimmt ja auch, daß sich die Lebensgewohnheiten der Gesellschaft im Verlauf der Zeit geändert und wir andere Lebensgewohnheiten angenommen haben. Die alten Religionen scheinen deshalb in mancher Hinsicht überholt zu sein. Da ist es nicht verwunderlich, daß manche meinen, die Religion habe dem modernen Menschen von heute nichts mehr zu bieten.

Auf der anderen Seite ist es doch so, daß wir uns in den menschlichen Grundfragen auch heute kaum von den Erdenbewohnern unterscheiden, die vor Tausenden von Jahren gelebt haben. So gesehen, verändern sich Konventionen und Bräuche kaum, finden politische und kulturelle Umwälzungen nur an der Oberfläche statt. Aus meiner Sicht hat sich der Mensch nur äußerlich verändert. Daher haben auch die alten Religionen noch immer eine wichtige Aufgabe. Ich bin sicher, daß, wenn der Mann im Eis, die fünftausend Jahre alte Gletschermumie aus den Ötztaler Alpen (Ötzi), sprechen könnte, er sich in unsere Lebensprobleme von heute einzufühlen vermöchte.

Wenn es die Umstände erfordern

Frage: Gibt es im Tibetischen Buddhismus eine innere Dynamik, die in der Lage ist, sich immer wieder an neue Gegebenheiten anzupassen?

Seine Heiligkeit: Bei uns gibt es Regeln und Formen, die festgeschrieben sind und an denen wir nichts verändern können. Das betrifft besonders die Regeln vom *Sangha,* der Gemeinschaft von Mönchen oder Nonnen. Wir glauben, daß Buddha diese Regeln eingesetzt hat. Es kann natürlich auch Ausnahmen geben, wenn die Umstände es erfordern. Aber im allgemeinen ändern wir wenig an unseren Traditionen.

Zugleich weisen die buddhistischen Schriften darauf hin, wie wichtig es ist, alle Gedanken immer neu an der Wirklichkeit zu messen. Was also unter bestimmten Bedingungen als falsch erscheint, kann unter anderen Umständen wieder richtig sein; was das eine Mal ausdrücklich verboten ist, kann in einem ganz anderen Zusammenhang sogar empfohlen werden. Wir sind also frei, manche Regeln zu verändern. Wichtig aber ist, daß die Situationen genau ergründet werden. Das ist bei uns also anders als bei den sogenannten Fundamentalisten, die das Alte um jeden Preis bewahren und sich der modernen Welt nicht anpassen wollen.

Fundamentalismus

Frage: Warum nehmen die fundamentalistischen Bewegungen zur Zeit überall zu?

Seine Heiligkeit: Das erkläre ich mir daraus, daß aus Religionen oft Ideologien gemacht werden, mit denen man seine Gegner bekämpfen und die eigene Identität stärken will. Wenn wir dieses Phänomen des Integrismus eindämmen wollen, müssen wir uns besonders um den Austausch religiöser Erfahrungen bemühen. Die großen Unterschiede bestehen oft nur in unserer Einbildung. Auch der Dialog innerhalb einer religiösen Gemeinschaft ist sehr wichtig. Nur so kann man Vorurteile abbauen und einander näherkommen. Der Buddhismus unterscheidet sich vom Katholizismus dadurch, daß die hierarchischen Formen eine untergeordnete Rolle spielen. Auch wenn die tibetischen Buddhisten auf meinen Rat und meine Meinung hören, hält mich doch niemand für unfehlbar.

Wer sich abschottet, isoliert sich selbst

Frage: Ist ein Dialog mit den Menschen, die starre, vorgefaßte Meinungen haben, überhaupt möglich?

Seine Heiligkeit: Die Beziehung zu Fundamentalisten ist immer schwierig, ganz ähnlich wie zu Leuten, die sich völlig einer Ideologie verschreiben. Ja, man konnte auch mit überzeugten Kommunisten der ehemaligen Sowjetunion nicht richtig diskutieren. Aber schließlich haben sich auch dort Politiker durchgesetzt, die begriffen hatten, daß ihre Ordnung unzeitgemäß geworden war. Der Kommunismus wurde ohnehin von der Mehrheit der Bevölkerung nicht getragen. Schließlich kam das totalitäre System zu einem Ende, und dies ohne Gewalt und ohne offene Konflikte mit dem Westen. Ähnlich ist es bei den Religionen. Strömungen, die sich abschotten, isolieren sich selbst. Und alle, die zum Dialog bereit sind, werden die Oberhand gewinnen.

Eine vollkommene Menschheit wird es natürlich nie geben. Was wir erreichen können, ist, daß immer mehr Menschen zum Gespräch bereit werden, daß sie sich toleranter und friedlicher verhalten. Dadurch werden die zerstörerischen Kräfte zurückgedrängt. Das allein wäre schon ein Fortschritt.

Zwei philosophische Wege

Frage: Im Westen und im Osten versteht man unter Fortschritt offenbar etwas anderes. Im Westen herrscht das Fortschrittsdenken, die Vorstellung einer „linearen Entwicklung". Im Buddhismus erscheint dagegen die Welt eher in einer „zyklischen Bewegung", in der sich alles wiederholt, in der alle Wesen kreisförmig die gleichen Stadien des Lebens durchwandern.

Seine Heiligkeit: Wenn man von dem westlichen Konzept einer „linearen Entwicklung" spricht, denkt man auch an die fortschreitende Bewußtwerdung der Gesellschaft. Den Buddhisten geht es um den Reifungsprozeß des Individuums, das sich durch immer neue Leben weiterentwickelt und sich dadurch scheinbar wie in einem Kreis bewegt. Hier haben wir es eben mit zwei verschiedenen Betrachtungsweisen, mit unterschiedlichen philosophischen Gedankengebäuden zu tun.

Das Geld als Maß aller Dinge

Frage: Der Stellenwert, den das Geld im Denken und Handeln des modernen Menschen einnimmt, wird ständig größer. Auch für die heiligsten Bereiche droht das Geld zum „Maß aller Dinge" zu werden. Für viele ist das Geld fast schon zu einer Ersatzreligion geworden …

Seine Heiligkeit: Immer wenn ich in den Westen komme, dann fällt mir besonders auf, daß hier kein Tag vergeht, an dem man nicht in irgendeiner Form mit Geld zu tun bekommt. Man muß nur versuchen, bloß einen einzigen Tag in einer modernen Stadt ohne Geld zu verbringen, dann wird man am eigenen Leibe erfahren, wie sehr man hier auf das Geld angewiesen ist. Ständig denkt man darüber nach:"Wieviel Geld ist das wert, was ich gerade tue?" Im Westen mißt man der materiellen Welt eine viel zu große Bedeutung bei. Mit dieser Einstellung hat sich das Weltbild der Menschen, der Wert, den sie den Dingen beimessen, grundlegend verändert. Und dabei weiß doch jeder, daß sich menschliche Gefühle, wie Liebe und Hingabe für andere, nicht mit Geld messen lassen.

Nur zu oft schenkt Reichtum uns kein glückliches und zufriedenes Leben. Im Gegenteil, viele Reiche werden zu Sklaven ihres Geldes. Denn sie sind ununterbrochen damit beschäftigt, ihr Besitztum zu vermehren. So leben sie in ständiger Hektik. Sie kennen keine Gelassenheit und keinen Gleichmut gegenüber den materiellen Dingen. Wenn man in einer solchen Welt der Unrast lebt, ist es wichtig, immer wieder Abstand zu gewinnen und zur Ruhe zu kommen.

In den armen Ländern des Südens ist das oft anders. Dort kann man sich auch von Pflanzen ernähren, die man in der Natur vorfindet. Es gibt sie ohne jede Bezahlung. Man ist bitter arm, aber man braucht doch nicht ständig ans Geld zu denken. Als ich noch in Tibet lebte, durfte ich überhaupt nicht mit Geld umgehen. Und auch heute brauche ich mich glücklicherweise nicht um meine Finanzen zu kümmern. Alle Einnahmen und Ausgaben werden von meiner privaten Kanzlei überwacht. Aber auch wir Tibeter müssen Geld verdienen und können nicht nur von der Luft leben. Daran sind wir in letzter Zeit ganz besonders erinnert worden, weil der Exilregierung zwei Millionen Dollar in der Kasse fehlen ...

Zwischen Askese und Genuß

Frage: Wie begegnet der Buddhismus dem monetären Denken?

Seine Heiligkeit: Wir suchen auch hier einen mittleren Weg, um Extreme wie Askese und Genußsucht zu vermeiden. Ich glaube, daß es auch für Menschen, die nicht religiös sind, wichtig ist, sich von Habgier zu lösen und genügsam zu werden. Wer keine Genügsamkeit kennt, will immer noch mehr haben. Auch wenn er die ganze Welt besäße, wäre er doch nicht zufrieden. Außerdem sind Reiche oft sehr einsam. Sie können nie wissen, ob andere sie selbst lieben oder ihren Reichtum und ihren Einfluß. Meist verschwinden ja die vielen falschen Freunde wie der Schnee unter der Sonne, wenn der Reichtum verlorengeht. Aber gerade dann wäre man auf echte Freundschaft angewiesen. Im Westen war ich einmal bei einem sehr wohlhabenden Mann eingeladen. Er lebte in einem eleganten und schönen Haus. Doch im Badezimmer standen viele Fläschchen mit Beruhigungs- und Schlaftabletten. Für mich ist das zum Sinnbild geworden, daß, wenn jemand auch alles hat, er deswegen noch lange nicht glücklich zu sein braucht.

Aber nicht nur Buddhisten, auch christliche Mönche und Nonnen streben danach, in Genügsamkeit ein einfaches Leben zu führen. Auch sie wissen, daß Geld, Reichtum und Ruhm kein dauerhaftes Glück gewähren. Deshalb können diese Dinge für uns nie zum endgültigen Ziel werden.

Der reiche Westen ist enttäuscht

Frage: Eure Heiligkeit, Tibet hat lange die wissenschaftlichen Erkenntnisse und technischen Errungenschaften der modernen Welt außer acht gelassen, dafür aber ein hohes sittliches Niveau bewahrt. In der ganz auf Technik und Naturwissenschaften ausgerichteten westlichen Welt verkümmern die geistigen Werte immer mehr. Gibt es einen dritten Weg zwischen diesen Extremen?

Seine Heiligkeit: Mein Hauptanliegen ist es, eine Harmonie, eine Ausgewogenheit der äußeren Welt des Materiellen und der inneren Welt des Geistes zu finden. Wenn wir die Probleme der Menschheit lösen wollen, kann das nicht ohne einen mittleren Weg zwischen wirtschaftlichem Wachstum und innerer menschlicher Reife gelingen. Ich selbst kann am technischen und materiellen Fortschritt an sich nichts Schlechtes sehen. Die armen Länder dieser Welt brauchen dringend technische Hilfe, um die Armut zu bekämpfen. Da kann sich die Technik segensreich auswirken.

Viele meiner Gesprächspartner in der modernen Gesellschaft klagen bitter enttäuscht über die Auswüchse des Materialismus. Mich hat das verwundert. Man scheint hier doch sonst so stolz auf den Fortschritt zu sein. Das zeigt doch nur, daß trotz des Fortschritts in unserem Jahrhundert der Mensch weiterhin ein suchendes Wesen bleibt. Er sehnt sich nach einem tieferen Sinn in seinem Dasein. Der moderne Mensch in seinem ständigen Lebenskampf braucht seinen Seelenfrieden nicht zu verlieren. Heute kommt es mehr denn je auf die Religionen an, um den Menschen, die völlig mit den Dingen der äußeren Welt beschäftigt sind, auf den Weg zum seelischen Gleichgewicht zu helfen.

Hinter der schönen Schale wohnt die Angst

Frage: Viele Menschen scheinen ihren Seelenfrieden nicht zu finden. In unserer Ellenbogengesellschaft nehmen die seelisch Kranken ständig zu, die Selbstmordraten steigen ...

Seine Heiligkeit: Wir müssen ein Gleichgewicht zwischen materiellem Fortschritt und ethischen Werten anstreben, zwischen Wissen und Weisheit. In der westlichen Welt mit ihrem Wohlstand verbirgt sich unter der schönen Oberfläche des materiellen Wohllebens oft eine große Angst, ein starkes Gefühl der Leere und Sinnlosigkeit, weil man das Materielle für zu wichtig hält. Wer der Täuschung erliegt, er könne sich den Lebenssinn kaufen, wird unglücklich. Technik, Wissenschaft und Fortschritt erleichtern nur die äußeren Lebensbedingungen, ändern aber nichts an den grundlegenden menschlichen Problemen. Noch immer gibt es Leiden, Armut und Angst.

Es gibt nicht nur „entweder – oder"

Frage: Bereits in der Schule werden schon die kleinen Kinder gedrillt, intellektuelle Fähigkeiten zu entwickeln. Man häuft im Laufe der Schulzeit einen umfangreichen Wissensstoff an. Menschliche Werte aber kommen meist nur am Rande vor …

Seine Heiligkeit: Auf meinen Vortragsreisen bin ich immer wieder von der Lernfreudigkeit der Menschen im Westen überrascht. Die Zuhörer lassen Tonbänder laufen oder schreiben mit. Ganz anders als zum Beispiel tibetische oder chinesische Buddhisten, die zwar sehr andächtig dasitzen, aber doch nicht so begeistert lernen wollen. Ich bin immer wieder beeindruckt von der Tatkraft und dem Wissensdurst, denen ich hier begegne.

Aber ich habe auch festgestellt, daß viele Menschen oft ausschließlich in Schwarz-Weiß und Entweder-Oder-Kategorien denken und dabei übersehen, wie sehr alles voneinander abhängt und einander bedingt. Man vergißt dabei leicht, daß es zu jeder Frage mehr als nur zwei Gesichtspunkte gibt.

Vielleicht kommt das daher, daß die westliche Ausbildung fast nur auf die Entwicklung der Intelligenz und ein möglichst großes Wissen ausgerichtet ist. Die Herzensbildung kommt dabei wohl zu kurz. Das hat sicher geschichtliche Gründe. Früher haben sich wohl hauptsächlich die Kirchen um die moralischen und spirituellen Dinge gekümmert. Heute aber ist ihr Einfluß im Schwinden. Dadurch fehlt den Kindern bestimmt etwas Wesentliches in ihrer Erziehung. Es muß ein Gleichgewicht zwischen dem Gehirn und dem Herzen bestehen. Ich denke, daß ein herzloses menschliches Wesen mit einem sehr gut funktionierenden Gehirn ein gefährlicher Unruhestifter ist. Ich schätze jemanden, dessen Intelligenz weniger entwickelt ist, der aber ein gutes Herz hat, höher ein.

Zivilisationsschäden

Frage: Und wie sieht es bei den jungen Tibetern aus, erhalten sie eine ausgewogenere Ausbildung?

Seine Heiligkeit: Im Tibet von früher waren die Klöster für die Erziehung zuständig, auch in entlegenen Gegenden. Manchmal kann es ein Fehler sein, wenn bereits siebenjährige Kinder ihre ersten Gelübde ablegen. Oft begreifen sie kaum, worum es dabei geht. Da erscheint mir das christliche System für das klösterliche Leben bisweilen besser zu sein. Man tritt erst als Erwachsener in ein Kloster ein, nach einer Zeit reiflicher Überlegung, in der man seinen Entschluß genau überprüfen kann.

Was die Ausbildung der jungen Tibeter heute betrifft, so sind die Jungen, die im Ausland leben, wie zum Beispiel in Indien oder in der Schweiz, viel besser dran als die Jugend innerhalb von Tibet. Aber auch bei uns, so sagt man mir, gibt es unehrliche Jugendliche, die ihre Intelligenz mißbrauchen und sich auf Kosten anderer bereichern wollen. Vor einigen Monaten ist es sogar zu zwei Mordfällen unter den Tibetern gekommen. Es ist sicher so, daß Moral und Ethik überall zu wünschen übriglassen. Auch unsere Kultur muß mit den modernen Zivilisationsschäden fertig werden. Hier bilden auch die Buddhisten keine Ausnahme.

Ich setze meine ganze Hoffnung auf die jüngere Generation. Die Verantwortung für die Zukunft liegt bei der Jugend. Heute ist die Jugend durch die Massenmedien sehr vielen schlechten Einflüssen ausgesetzt. Sieht ein junger Mensch zuviel Gewalt im Fernsehen, so färbt das sicher auf sein Verhalten ab. Solche unschönen Bilder können großen Schaden bei jungen Menschen anrichten. Wir müssen uns ernsthaft fragen, was zu tun ist, damit unsere Jugend eine ausgewogene Erziehung erhält. Vor einigen Wochen bin ich wieder mit dem Philosophen Karl Popper in London zusammengetroffen, den ich nun schon seit zwanzig Jahren kenne. Auch er hat betont, daß die ganze Zukunft von einer ausgewogenen Erziehung der Jugend abhängt.

Eine Welt ohne Technik

Frage: Es gibt im Westen den romantischen Traum einer heilen Welt ohne die alles zerstörende Technik. Für Sie sind die technischen Errungenschaften und naturwissenschaftlichen Erkenntnisse, wie Sie schon angedeutet haben, grundsätzlich etwas Positives.

Seine Heiligkeit: Schon in meiner Kindheit habe ich mich sehr für technische Erneuerungen und die Entdeckungen der Naturwissenschaften interessiert. Ich bin davon überzeugt, daß die westliche Wissenschaft mit ihrem logischen Denken einen wichtigen Beitrag zur Lösung alter Menschheitsprobleme geleistet hat. Aber werden diese neuen Erkenntnisse und Entdeckungen zum Wohle der Menschheit oder zu ihrer Vernichtung verwendet? Heute könnte der Alptraum, daß mit einem Schlag der ganze Globus vernichtet wird, Wirklichkeit werden. Aber in den letzten Jahrzehnten hat sich das westliche Denken wesentlich verändert. Viele Naturwissenschaftler haben mir in Gesprächen gesagt, daß sie von einem neuen Konzept ausgehen, das die Welt als ein Ganzes begreift, daß Denken und Fühlen nicht mehr auseinanderklaffen sollen.

Wie die Finger einer Hand

Frage: Noch im 18. Jahrhundert war es für sehr begabte Menschen möglich, fast den gesamten Wissensstoff zu überschauen. Inzwischen hat man sich mehr und mehr spezialisiert. Wer hat da eigentlich noch den Überblick?

Seine Heiligkeit: Unser Planet wird heute von vielen Krisen geschüttelt. Da genügt es nicht zu beten. Alle sind aufgerufen, ihre Fähigkeiten in den Dienst der Menschheit zu stellen. Die Wissenschaft aber darf nicht zum Selbstzweck werden. Sie muß dem Wohl der Menschheit dienen. Die verschiedenen Wissenszweige, Technologie, die Erziehung, die Religion, habe ich manchmal mit den Fingern einer Hand verglichen. Die Hand ist der Mensch, ist die Menschheit. Einzelne Finger kann man verlieren, aber ohne die Hand haben auch die Finger keinen Sinn. Wir dürfen nie vergessen, daß alle Wissenschaften, Ideologien und politischen Systeme, so verschieden sie auch sein mögen, dazu dienen sollen, die Menschen glücklicher zu machen. Dieses Ziel sollen wir nie aus den Augen verlieren. Auch unsere eigene Weltanschauung dürfen wir nicht zum Selbstzweck werden lassen. Menschlichkeit muß stets den Vorrang behalten.

Heute sehe ich ermutigende Zeichen dafür, daß die Wissenschaft nicht mehr im Widerspruch zur Religion und zur Spiritualität stehen muß. Ich habe dies in den letzten Jahren in Gesprächen mit Biologen, Psychologen, Quantenphysikern und Kosmologen erfahren. Wir sprachen häufig darüber, daß eine Beziehung zwischen den naturwissenschaftlichen Erkenntnissen, dem menschlichen Geist und der menschlichen Seele besteht. In der Quantenphysik hat man erkannt, daß es neben den winzigen Teilchen, die man gefunden hat, noch eine andere Kraft gibt als die materielle Energie.

Der Dalai Lama interessiert sich für Physik

Frage: Eure Heiligkeit interessieren sich also für die neusten Entwicklungen in den Naturwissenschaften …

Seine Heiligkeit: Ja, und besonders gerne lese ich Bücher über die Biologie, die Astronomie, aber auch die Phsyik. Ich habe zwar nie Gelegenheit gehabt, Physik zu studieren, aber es gibt westliche Wissenschaftler, wie zum Beispiel Carl Friedrich von Weizsäcker, die ich sozusagen als meine Professoren betrachte. Mehrmals konnte ich während einiger Stunden ihren Vorlesungen folgen. Unter ihrer Anleitung kann ich mich auf diesem schwierigen Gebiet einigermaßen zurechtfinden. Der Eindruck, alles verstanden zu haben, verflüchtigte sich aber jedesmal schnell, sobald die Unterweisungen zu Ende gegangen waren …

6. Geistige Krise im Wohlstand

Auch ein Atheist kann sich daran halten

Frage: Angesichts der großen Gefahren, denen die Menschheit ausgesetzt ist, fühlen sich viele verunsichert. Wie kann der einzelne das Gefühl der Ohnmacht überwinden, das Empfinden, daß er ohnehin nichts ausrichten kann und daher all sein Bemühen im Grunde vergebens ist?

Seine Heiligkeit: Was jeder tun kann und soll, ist, anderen Menschen zu helfen. Ich meine damit, daß wir das Leid anderer Menschen teilen und mindern sollen. Geteiltes Leid ist halbes Leid. Dieses moralische Prinzip gilt für die meisten Kulturen und Religionen. Und wir dürfen dabei niemanden ausschließen, auch nicht unsere Widersacher. Ob wir im Süden, im Norden, Osten oder Westen leben, wir sind doch alle Mitglieder der einen Menschheit mit den gleichen Sorgen und Nöten. Dieses ethische Prinzip ist an keine bestimmte Religion gebunden. Auch ein Atheist kann es befolgen. Es ist dabei überhaupt nicht wichtig, ob man an Gott oder an die Idee der Wiedergeburt glaubt. Gutes kann man immer tun, auch wenn man sich heute vor den Gefahren ängstigt, die uns die Zukunft bringen mag.

Falsche Gurus

Frage: So einfach ist das also? Und doch wächst bei uns die Schar derer, die aus der Orientierungslosigkeit ihrer Mitmenschen Geschäfte machen. Die Zahl der falschen Gurus nimmt ständig zu. Es wird immer schwerer, zwischen echten geistigen Führern und Scharlatanen zu unterscheiden.

Seine Heiligkeit: Ich kann dazu nur immer wieder sagen, daß zur Wahrheitssuche ein gehöriges Maß an Skepsis gehört. Man sollte nicht blindlings glauben, was jemand sagt. Es kann verhängnisvoll werden, wenn man sich auf Personen verläßt und ihre Lehre nicht kritisch überprüft. Auch noch so schön vorgetragene Gedanken dürfen uns nicht über die wahre Bedeutung der Worte hinwegtäuschen. In jedem Fall sollte man sich zunächst einmal gut darüber informieren, mit welchen Gruppen man es eigentlich zu tun hat.

Besonders gefährlich ist dabei das Wunschdenken, das die Wirklichkeit nicht wahrhaben will. Erst wenn man seinen Zweifeln nachgeht und Widersprüche aufdeckt, kann man sich überhaupt ein Urteil bilden und zu einer klaren Einsicht gelangen. Erst im Vergleich mit anderen Religionen und Philosophien erkennt man, aus welchen Elementen sich die angeblich neue Lehre zusammensetzt. Dann sieht man bald, daß das, was als neueste Erkenntnis angepriesen wird, vielmehr ein „alter Hut" ist.

Wer erst einmal einer Sekte verfallen ist, der wird kaum mehr beurteilen können, ob die angeblichen geistigen Führer die Wahrheit sprechen. Das führt dann in Abhängigkeit und Unfreiheit. Es ist naiv, alles zu glauben, ohne sich eine eigene Meinung zu bilden. Jeder trägt die Verantwortung für sein eigenes Leben und kann sie nicht an eine Gruppe abgeben. Sekten grenzen sich von anderen ab. Das halte ich für grundfalsch. Dem Gespräch mit Andersdenkenden kommt große Bedeutung zu. Nach der tibetischen Tradition wurde auch ich deshalb von Meistern verschiedener Schulen unterwiesen.

Das Spiel mit der Esoterik

Frage: In den letzten Jahrzehnten haben sich im Westen zahllose exotische und esoterische Strömungen ausgebreitet. Einige haben auch buddhistische Gedanken übernommen ...

Seine Heiligkeit: Dabei vermischen sich die verschiedensten geistigen Richtungen aus anderen Kulturen und Traditionen. Es fällt mir schwer, mich da noch zurechtzufinden. Was den Buddhismus betrifft, so möchte ich sagen, daß es für Ungeübte sogar gefährlich sein kann, sich ohne einen erfahrenen Lehrer gewissen tantrischen Übungen aus Neugierde und Spielerei hinzugeben. Die Menschen können, wenn sie manche Yoga-Techniken falsch ausüben, seelische Störungen erleiden. Nicht ohne Grund sind die tantrischen Lehren des Buddhismus ja Geheimwissen und bestimmt nicht von jedermann im Schnellverfahren zu erlernen.

Buddhismus auf dem religiösen Supermarkt

Frage: Im Westen wachsen Kritik und Abneigung gegen die eigene Kultur, gegen die eigene Religion. Man flieht in die Ferne, experimentiert mit allen möglichen „Erleuchtungsmethoden" aus fremden Kulturen. Man sucht nach immer neuen religiösen Angeboten. Da wird auch der Buddhismus fast zu einer „Ware im Supermarkt der Religionen und Weltanschauungen" ...

Seine Heiligkeit: ... Und wie soll sich der Suchende auf diesem „Supermarkt" heute noch zurechtfinden? Wohin soll das nur führen, wenn man ständig seinen religiösen Weg wechselt? Hat man sich erst einmal für einen Weg entschieden, sollte man auch daran festhalten. So wäre es wenig sinnvoll, einige Monate ganz intensiv zu meditieren, dann wieder völlig damit aufzuhören, um irgendwann wieder von neuem zu beginnen. Nur wenn man religiöse Praktiken wie die Meditation oder das Gebet täglich übt, haben sie eine Wirkung. Dann erst wird man innerlich reifen. Die Menschen in den reichen Ländern sind viel zu ungeduldig geworden. Im Zeitalter der Maschinen und Automaten scheint alles auf Knopfdruck zu funktionieren – auch die religiöse Erleuchtung. Auch wenn das viele glauben mögen, so irren sie sich. Zu einem „erleuchteten Wesen" wird man auf diese Weise bestimmt nicht.

Nehmen wir ein Beispiel aus dem Alltag und versetzen uns in die Lage eines Menschen, der ein Restaurant besucht und alle verlockenden Gerichte auf der Speisekarte bestellt. Er wird von jedem ein wenig kosten, aber keine einzige Speise zu Ende essen. Dabei wird er sich bestimmt nur den Magen verderben, statt sich am Mahl zu stärken. Ganz ähnlich ist es, wenn man heute diese, morgen jene Meditationsübung versucht, nur um herumzuexperimentieren. Damit würde man sich bestimmt mehr schaden als nützen.

Nicht aus Begeisterung für das Exotische

Frage: Eure Heiligkeit, was würden Sie jemandem erwidern, der zu Ihnen sagt: „Ich habe den Dalai Lama gehört. Was er sagt, überzeugt mich. In der christlichen Welt fühle ich mich ohnehin nicht mehr zu Hause, ich möchte Buddhist werden"?

Seine Heiligkeit: Wenn jemand seine alte Religion aufgibt, dann sollte es weder aus schwärmerischer Begeisterung für das Fremde noch im Konflikt mit der eigenen Kultur geschehen. Man sollte die religiöse Gemeinschaft, der man entstammt, weiterhin achten und sich nicht bewußt von ihr absondern. Jede Religion dient der Menschheit auf ihre Weise. Es geht mir auch nicht darum, andere zum Buddhismus zu bekehren oder meine Religion unbedingt zu verbreiten. Für mich ist allein entscheidend, was ich als buddhistischer Humanist für das Glück der Menschen tun kann.

Aber es stimmt, daß in den letzten Jahrzehnten besonders in Europa und Nordamerika das Interesse am Buddhismus ständig zugenommen hat. Es gibt heute in der Welt über fünfhundert tibetisch-buddhistische Zentren. Das freut mich natürlich sehr. Um viele Menschen mit dem Buddhismus bekannt zu machen, habe ich in Ländern, in denen man über diese Religion noch recht wenig weiß, verschiedene religiöse Zeremonien gefeiert.

Dadurch wollte ich auch meinen religiösen Beitrag zum Weltfrieden leisten.

Jedoch wiederhole ich: Einen Übertritt zum Buddhismus sollte man sich gründlich überlegen. Ein spontaner Wechsel der Religion erweist sich fast immer als schwierig und kann auch zu schweren seelischen Störungen führen. Wer sich zum Buddhismus bekehrt, der sollte sich bescheiden und nicht mit religiösem Übereifer des Konvertiten alles von Grund auf anders machen wollen. So will es eine alte tibetische Weisheit, die uns rät: „Ändere dein Bewußtsein, aber lasse dein Äußeres, so wie es ist."

7. Lebenshilfe

Erleuchtung ohne Drogen

Frage: Wenn ich Sie recht verstanden habe, geht es beim Buddhismus um alles andere als um Weltflucht. Manche Leute im Westen rechtfertigen den Drogenkonsum mit dem Hinweis, in vielen alten religiösen Kulturen seien für meditative Zwecke Drogen eingenommen worden ...

Seine Heiligkeit: Ich meine, daß Drogen grundsätzlich abzulehnen sind. Geistige Entwicklung muß durch innere Reifung und nicht durch äußere Einwirkungen erreicht werden. Wenn man Drogen zu sich nimmt, verliert man seine Fähigkeit, klar zu denken, seine geistige Wachheit, auf die es bei unseren Meditationen gerade ankommt. Die innere Erleuchtung, die wir anstreben, muß durch geistiges Training erreicht werden, durch tägliche Arbeit an der inneren Vervollkommnung – und ganz bestimmt nicht durch Rauschgifte. Wenn man Drogen nimmt, will man der Mühsal des Alltags entfliehen, statt der Wirklichkeit, so wie sie nun einmal ist, zu begegnen. Deshalb ist die Ausgewogenheit der menschlichen Natur in allen Kulturen und Gesellschaften sehr wichtig, ob es um die eigene Gesundheit oder um das Zusammenleben unter den Menschen geht. Ich glaube, daß darin die Grundethik schlechthin liegt, ob man nun religiös ist oder nicht.

Frage: Noch nie gab es im Westen für so große Teile der Bevölkerung soviel Wohlstand. Und trotzdem scheinen sich mehr und mehr Menschen zu fragen, hat das Ganze, hat unser Leben überhaupt einen Sinn …

Seine Heiligkeit: Ja, wir sehen, daß in vielen Teilen der Welt der Lebensstandard stark gestiegen ist. Aber auch mit den neusten Erfindungen, mit einem immer größer werdenden Wissensstand ist es uns bisher nicht gelungen, die Menschen friedvoller und glücklicher zu machen. Die Zahl der Menschen, die lesen und schreiben können, hat in einem bisher noch nie dagewesenen Ausmaß zugenommen. Trotzdem kann man nicht sagen, die Menschheit habe sich dadurch in ihrem Verhalten gebessert.

Im Gegenteil, die innere Unruhe und die Unzufriedenheit haben eher zugenommen. Der sogenannte Fortschritt scheint uns das Leben nicht nur zu erleichtern. Er fordert auch seinen Preis. Wenn der äußere und der innere Fortschritt, das heißt das Verantwortungsbewußtsein sich selbst und anderen gegenüber, nicht Schritt halten, geraten wir immer mehr aus dem Gleichgewicht. Es ist höchste Zeit, daß wir uns besinnen und darüber nachdenken, was wir ändern müssen. Wenn wir es nicht tun, könnte das auch unerwünschte Folgen für zukünftige Generationen nach sich ziehen.

Wir wissen doch aus unserer täglichen Erfahrung, wenn wir morgens mit Zuversicht dem Leben entgegensehen, daß alles besser gelingt. Man kann dann die Herausforderungen, die jeder Tag bereithält, so besser meistern. Auch schlechte Nachrichten werden wir mit einer ausgewogenen und zufriedenen Einstellung besser verkraften können. Sind wir aber übelgelaunt und unzufrieden, dann werden uns selbst die allerschönsten Dinge nur mißmutig stimmen. Wir werden dann von Unzufriedenheit, von Wut und Haß auf uns selbst und auf andere gepackt.

Dann fühlen wir uns in der eigenen Haut nicht wohl. Wir können uns weder an einer schönen Blume, noch am Lied eines Vogels oder dem Lächeln eines Kindes erfreuen. Das zeigt doch, wie wichtig es für alle Menschen ist, in Harmonie mit sich selbst zu leben. Ob wir eine hohe Stellung in der menschlichen Gesellschaft einnehmen, ob wir ganz einfache Menschen sind, wir alle sehnen uns doch nach Seelenfrieden, nach einem friedlichen Zusammenleben mit anderen.

Kinder brauchen vor allem Wärme

Frage: Sie sehen also einen Zusammenhang zwischen dem materiellen Fortschritt und der westlichen Sinnkrise. Vielleicht kann man da auch den folgenden Vergleich ziehen: Menschen, die im Wohlstand leben, können meist ohne große Schwierigkeiten ihre Wohnungen warmhalten. Aber im reichen Westen geht zugleich das Wort von der „Eiszeit der Gefühle" um ...

Seine Heiligkeit: Das beginnt schon im Elternhaus. Die Eltern müssen ihr Kind nicht nur äußerlich, sondern auch innerlich wärmen. Sie müssen ihrem Kind eine Atmosphäre der Geborgenheit schaffen, in der es sich geliebt und angenommen fühlt. Es gibt viele ungewollte Kinder, um die sich die Eltern kaum scheren. Das kann dann dazu führen, daß sie später, wenn sie Jugendliche geworden sind, nicht mehr weiterleben wollen. Sie sind so verzweifelt, daß sie ihrem Leben selbst ein Ende setzen, weil sie im Elternhaus nie erfahren durften, wie wertvoll und wie sinnvoll ihr Leben, menschliches Leben überhaupt ist.

Die liebende Hinwendung für ein neugeborenes Kind ist die Voraussetzung, daß es sich geistig und körperlich richtig entwikkeln kann. Das gilt bereits für die Zeit, in der ein Säugling die Bedeutung der Worte noch nicht verstehen kann. Man meint vielleicht, es käme nicht so darauf an, was man zu so einem kleinen Wesen sagt, es versteht ja ohnehin nichts. Ärzte, die sich auf die Entwicklung des kindlichen Gehirns spezialisiert haben, versicherten mir aber, daß besonders die Wochen nach der Geburt entscheidend für die Entwicklung des menschlichen Gehirns seien.

Da wirkt sich also die Liebkosung eines Babys günstig auf seine spätere geistige Entwicklung aus. Schon ein Kind spürt, wie wichtig die Liebe für den Menschen ist. Ob man Mitgefühl und liebende Hinwendung erfährt oder nicht, das merkt man bereits am Anfang seines Lebens. Liebe ist die Quelle unseres Lebens. Sie ist für den Menschen so wichtig wie das Wasser für den Fisch.

Von Generation zu Generation

Frage: Wenn die elterliche Liebe sogar Einfluß auf die Intelligenz des Kindes hat, dann kann man ja sagen, daß ihr Fehlen sich später auch im Berufsleben bemerkbar macht. Die menschliche Gesellschaft ist also in mehrfacher Hinsicht auf diese Liebe angewiesen ...

Seine Heiligkeit: Kinder, die in der liebenden Atmosphäre eines Elternhauses aufwachsen, werden sich eher seelisch gesund entwickeln. Sie werden auch in der Schule besser lernen und erfolgreicher sein. Doch der liebevolle Umgang mit Kindern und Jugendlichen soll sich nicht nur auf das Elternhaus beschränken. Auch in der Schule macht es einen großen Unterschied, wie Lehrer ihren Schülern begegnen. Wenn sie kalt, abweisend und ungerecht zu den Schülern sind, werden die Schüler weniger Gefallen am Wissen bestimmter Fachgebiete haben. Zeigen sie hingegen Zuneigung und Mitgefühl und Verständnis, dann werden die Schüler dem Unterricht mit einem viel größeren Interesse folgen. Abneigung und Ungeduld motivieren sie kaum zu guten Leistungen. Später, wenn sie eine Familie gründen, können sie auch ihren Kindern ein glückliches Elternhaus geben. Das ist wie eine Kette, die sich von Generation zu Generation fortsetzt.

Jemand, der ohne Zuneigung aufwachsen muß und dadurch einen Schaden erleidet, befindet sich in einer ganz anderen Lage. Wenn man keine Liebe erfahren hat, weiß man auch nicht, was das ist und die Beziehungen zu anderen werden oft schwierig. Das könnte als Grundlage für eine allgemeine Ethik unabhängig von Religionen betrachtet werden, Verstehen, Erbarmen und Zuneigung, die man selbst erfahren hat, an andere weiterzugeben. Die Liebe in der ersten Zeit des menschlichen Lebens ist also eine der wichtigsten Voraussetzungen für die ausgewogene Entwicklung der menschlichen Natur. Fehlt sie, dann fühlen sich die Menschen zeit ihres Lebens verunsichert und werden von allen möglichen Ängsten geplagt.

Ein Geschäft mit der Angst

Frage: Auch das Thema „Angst" ist zum Geschäft geworden. Angst scheint das häufigste seelische Leiden unserer Zeit zu sein. Viele Psychiater und Psychotherapeuten haben Therapien gegen die Angst entwickelt. Doch die Zahl der Menschen, die von Ängsten geplagt werden, steigt weiter. Was kann man tun?

Seine Heiligkeit: In den modernen Großstädten leben die Menschen zwar bequem, sind aber doch sehr einsam. Mich wundert, wie so viele Menschen, die doch ständig andere Menschen treffen, ihre wahren Gefühle nur mehr ihren Haustieren gegenüber ausdrücken können. Sicher bewirkt der harte Überlebenskampf in der Massengesellschaft, daß die Menschen einander mit Angst und Mißtrauen begegnen.

Und dann kommen noch die Schreckensmeldungen der Medien dazu. Jeden Morgen werden wir erneut im Rundfunk und in den Zeitungen mit traurigen Nachrichten konfrontiert: Gewalt, Kriminalität, Kriege, Katastrophen. Ich kann mich nicht an einen einzigen Tag erinnern, an dem ich nicht von einer Schreckensmeldung unterrichtet worden wäre. Das menschliche Leben scheint heute mehr denn je einer Welt voller Gefahren ausgesetzt zu sein. Keine Generation vor uns mußte mit so vielen schlechten Nachrichten fertig werden. Jeder mitfühlende Mensch wird sich doch irgendwann fragen: „Was ist das für eine Welt, in der soviel Leid geschieht?" Und vor einer solchen Welt ängstigt man sich.

Sorgen ändern wenig

Frage: In einem Kirchenlied Paul Gerhardts, eines deutschen Dichters aus dem 17. Jahrhundert, heißt es: „Mit Sorgen und mit Grämen / und mit selbsteigener Pein / Läßt Gott sich gar nichts nehmen / es muß erbeten sein." Sorgen machen meist alles nur noch schlimmer ...

Seine Heiligkeit: Das ist ein schöner Gedanke ... Bei uns heißt das: Wenn es Sorgen sind, an denen man etwas ändern kann, gibt es keinen Grund zu verzweifeln. Wenn man aber nichts ändern kann, dann hilft Verzweiflung auch nichts. Warum soll man sich sorgen, wenn sich ein Problem lösen läßt? Wenn es eine Lösung gibt, dann braucht man sich doch nicht zu ängstigen. Und wenn etwas unabänderlich ist, dann muß man sich fügen. Sorgen nehmen einem nur die nötige Kraft. Sie sind nutzlos. Ich halte mich meist an die Regel: auf das Beste zu hoffen und auf das Schlimmste vorbereitet zu sein.

Im Buddhismus glauben wir ja an das Karma, an die „Gesetzmäßigkeit von Handlung und Wirkung". Wenn uns großes Leiden widerfährt, kann es hilfreich sein, wenn man weiß, daß es durch eigene frühere Fehler verursacht worden ist. Man ist dann nicht mehr ohnmächtig, sondern übernimmt Verantwortung für sein eigenes Schicksal. Eine solche Einstellung kann hilfreich sein. Durch sie können Angst und Verzweiflung verschwinden.

Menschen dürfen auf vieles hoffen. Wenn sich eine Hoffnung nicht erfüllt, dann ist das keine Katastrophe, das Leben mit seinen vielen Möglichkeiten geht weiter, und andere Wünsche werden in Erfüllung gehen. Wenn man alles auf eine Karte setzt, dann kann man bei einem Fehlschlag in tiefe Verzweiflung, in Depression fallen, ja man kann sich aus Enttäuschung sogar das Leben nehmen. So hoffnungslos braucht niemand zu werden, wenn er die richtige Einstellung hat.

Für uns ist der Tod ein Vertrauter

Frage: Eure Heiligkeit, gibt es Momente, wo auch Sie von ängstlicher Unruhe ergriffen werden, zum Beispiel beim Fliegen vor einem Unglück ohne Chance zum Überleben?

Seine Heiligkeit: Als Kind fürchtete ich mich im Dunklen, das tue ich heute natürlich nicht mehr ... Es geht mir in erster Linie nicht um mich selbst, um meine persönliche Sicherheit. Ich denke an die sechs Millionen Tibeter, die ihr Vertrauen und ihre Hoffnung in mich setzen. Wenn man seine geistigen Kräfte beherrschen kann, braucht man sich selbst bei einem Absturz nicht zu ängstigen. Ich bereite mich täglich auf den Tod vor. Für uns Buddhisten ist der Tod etwas ganz Natürliches, ein Phänomen, das zum Daseinskreislauf, zum *Samsāra,* gehört. Der Tod ist kein Ende. Er ist für uns etwas Vertrautes, das wir fast instinktiv hinnehmen und vor dem wir uns nicht zu fürchten brauchen. Ich stelle mir das Sterben so vor, als würde eine abgetragene Kleidung gegen eine neue vertauscht werden. Das könnte ja auch etwas Wunderbares sein.

Alter, Krankheit und Tod – die Götterboten

Frage: Seit ewigen Zeiten beschäftigt die Menschheit die Frage des Leidens, auch wenn viele in unserer Wohlstandsgesellschaft nicht gerne daran erinnert werden. Im Buddhismus werden Alter, Krankheit und Tod als „Götterboten" *(Deva-Duta)* bezeichnet. Sie sollen den Menschen bewußtmachen, daß unser Dasein leidhaft und vergänglich ist ...

Seine Heiligkeit: Wir sollen so auf den Weg der Erlösung gebracht werden. Dabei ist die die tägliche Meditation sehr hilfreich. Anstatt vor den Gedanken an das Alter, an die Krankheit und den Tod wegzulaufen, sich von ihnen durch Hektik und Lärm abzulenken, setzen wir uns hin und machen uns innerlich mit diesen Dingen bekannt und vertraut. Wenn man sich die Tatsache, daß unser Leben in einem engen Zusammenhang mit Leiden, Sterben und Tod steht, immer wieder bewußtmacht, dann werden sie zur zweiten Natur. Dann können wir das Leben in Glück und Leiden als eine Einheit annehmen und brauchen uns nicht vor dem Gedanken zu ängstigen, daß wir einmal von allem Abschied nehmen müssen.

Leiden kann auch eine Lebensschule sein. Wenn man die Lebensläufe bedeutender Menschen betrachtet, sieht man, daß sie häufig gerade durch schwierige Erfahrungen viel stärker geworden sind. Jemand, der verwöhnt ist und alles hat, fällt oft schon bei der kleinsten Schwierigkeit in tiefe Verzweiflung.

Wenn ich die Generation, die den Zweiten Weltkrieg noch erlebt hat, mit der heutigen Jugend vergleiche, dann fühle ich mich in dieser Ansicht durchaus bestätigt. Sicher ist, daß es nichts gibt, das nur schlecht ist. Manchmal muß man den Blickwinkel ändern, und dann sieht man, daß sich auch hinter dem traurigsten Ereignis eine wertvolle Erfahrung verbergen kann.

Licht und Schatten

Frage: Es ist also wichtig, daß man lernt, einen gewissen Abstand auch zu sich selbst zu bewahren, um nicht an traurigen Ereignissen haftenzubleiben oder an ihnen zu zerbrechen …

Seine Heiligkeit: … dabei hilft uns die Meditation. Wir können uns zum Beispiel vorstellen, wie schädlich es ist, andauernd unglücklich und unzufrieden zu sein. Wenn wir über den Wert und den Sinn des Lebens nachdenken, dann öffnen sich uns zwei Sichtweisen: Wir gewinnen einerseits Vertrauen und Sicherheit, andererseits erkennen wir unsere Begrenzungen; wir werden daran erinnert, daß wir sterblich sind. Selbst wer nicht an ein Leben nach dem Tod glaubt, muß sich jedenfalls mit der Tatsache des Älterwerdens abfinden. Der Wunsch, ein langes Leben zu führen und doch nicht alt zu werden, die ewige Jugend, bleibt ein unerfüllbarer Wunschtraum. Das Alter ist ein Teil allen Lebens.

Keine Kraft, keine Wissenschaft, keine moderne Technik kann diesen Prozeß der Natur aufhalten. Es ist also viel besser, diese Grundgegebenheit hinzunehmen und sich mit ihr anzufreunden, statt sich gegen sie zu sträuben oder sie zu verdrängen.

Will man die Schattenseiten des menschlichen Lebens nicht wahrhaben, dann ist man auch nicht auf solche Schicksalsschläge vorbereitet, wie den Verlust eines nahestehenden Menschen oder eine schwere Erkrankung. Wer völlig unvorbereitet ist, der wird vom Unglück überwältigt. Im Buddhismus glauben wir, wie gesagt, daß Leiden eine Folge unserer bösen Gedanken, unserer Haßgefühle, unserer schlechten Taten, unserer Unwissenheit ist. Das nennen wir ein negatives Karma. In einer kommenden Wiedergeburt könnten wir als Tier wiederkehren und nicht als Mensch. In einer menschlichen Existenz jedoch sind wir besser in der Lage, mit dem Leiden richtig umzugehen und dadurch negatives Karma abzubauen, als es die unbewußten Tiere können.

Erfahrungen beim Sterben

Frage: Und wie bereitet man sich als Buddhist in der Meditation auf den Tod vor?

Seine Heiligkeit: Während meiner eigenen Meditation denke ich achtmal am Tag über meinen Tod nach. Ich lasse dabei die einzelnen Phasen des Sterbevorganges vor mir ablaufen. Es ist wichtig, daß man diese Übungen ständig wiederholt. Aber auch diese unablässige Vorbereitung auf den Tod gibt mir natürlich doch keine letzte Sicherheit. Ich weiß nicht im voraus, ob ich mich in meiner letzten Stunde, wenn es darauf ankommt, auch wirklich bewähren werde.

Bei den Fernsehzuschauern, die sich zum Beispiel über die grauenvollen Bilder vom Krieg aus Bosnien entsetzen, schwingt immer auch die Angst vor der eigenen Sterblichkeit mit. Wir können dem Tod gegenüber zwei Haltungen einnehmen: ihn nicht beachten oder ganz bewußt die Tatsache annehmen, daß unser Leben einmal ein Ende nehmen wird.

Da wir ohnehin sterben müssen, ist es sinnlos, uns darüber zu sorgen. Wenn wir lernen, so zu denken, dann kann sich die Todesangst verringern. Natürlich kann der Tod dadurch nicht besiegt werden.

Wir Buddhisten glauben, daß wir beim Sterben die tiefsten und heilbringendsten Erfahrungen sammeln können. Unsere Geisteshaltung während des Sterbens hat Einfluß auf die Umstände unserer Wiedergeburt. Wir sollen in Frieden aus diesem Leben gehen und uns von den schlechten Taten lösen. Daher gehen viele große Meister während der Meditation aus dem Leben und üben sich im Sterben. Im Tantra gibt es wichtige Übungen, die während des Schlafes oder im Traum verrichtet werden und die auf den Tod vorbereiten sollen.

Jeder stirbt anders

Frage: In der deutschen Literatur hat wohl keiner so tiefsinnig über den Tod geschrieben wie der Dichter Rainer Maria Rilke. „O Herr, gib jedem seinen eignen Tod. Das Sterben, das aus jenem Leben geht, darin er Liebe hatte, Sinn und Not", schreibt er im „Stundenbuch".

Seine Heiligkeit: Es gibt viele Arten zu sterben ... Sicher, wenn man eines natürlichen Todes stirbt, ist man besser vorbereitet und kann bewußt aus diesem Leben scheiden. Man wird seinen inneren Frieden nicht verlieren. Diese Geisteshaltung beeinflußt die neue Wiederverkörperung. Nach buddhistischer Sicht kann der Tod eintreten, weil die Lebenskraft oder die „karmischen Verdienste", die guten Taten, erschöpft sind. Mancher erleidet einen gewaltsamen Tod.

Eine Krankenschwester hat mir einmal erzählt, häufig würden besonders religiöse Menschen voller Angst sterben, aus Furcht vor dem „Jüngsten Gericht". Nach einem erfüllten Leben kann man ruhig sterben im Gefühl, sein Möglichstes getan zu haben. Menschen, die in ihrem Leben Gutes bewirkt haben, gehen meist friedlich aus diesem Leben. Dann schwindet die Todesfurcht. Anders schaut es bei den Sterbenden aus, die in viele unheilsame Taten verstrickt waren. Menschen, die meist Schlechtes taten und anderen schadeten, bekommen in ihren letzten Stunden oft Schuldgefühle.

Habgier ist die Wurzel vieler Übel

Frage: Dem Fluch der bösen Tat kann niemand entrinnen, wie man auch bei uns zu sagen pflegt. Warum fällt es uns dann so schwer, das Gute zu tun und das Böse zu meiden?

Seine Heiligkeit: Wir müssen die Ursachen des Bösen tief in unserem Inneren suchen. Sobald wir uns von den verwerflichen Kräften des Bösen beherrschen lassen, sammeln wir schlechtes Karma und schaden uns damit selbst am meisten. Schon deshalb müssen wir uns stets darum bemühen, das Gute in uns zu stärken.

Nach der buddhistischen Seelenlehre stammen die meisten unserer Schwierigkeiten aus unserem leidenschaftlichen Wunsch, Dinge zu besitzen, die wir irrtümlicherweise für unvergänglich halten. Besonders die Habgier, das Verlangen, etwas zu besitzen, machen uns aggressiv. Diese Haltung bestimmt dann unser Tun. Hier liegt schließlich auch die Wurzel aller kriegerischen Handlungen. Sicher war das, seitdem es Menschen gibt, so, aber unter den heutigen modernen Bedingungen hat diese Haltung ein noch bedrohlicheres Ausmaß angenommen. Wir dürfen uns nicht durch Verblendung, Gier, Neid und Aggression vergiften lassen. Denn durch diese „Gifte" entstehen fast alle Krisen auf dieser Welt.

Ich bin in der Tradition des *Mahāyāna-Buddhismus* aufgewachsen und glaube, daß Liebe und Mitgefühl die beste Gewähr dafür sind, um vor allem unsere immer wiederkehrenden inneren Herausforderungen zu meistern. Das Hauptthema der praktischen Meditation, die ich täglich durchmache, ist das allumfassende Mitgefühl und Erbarmen und die wechselseitige Abhängigkeit aller Existenzformen.

Das hilft mir auch bei meiner Einstellung gegenüber den Chinesen. Wenn ich Haßgefühle, Ärger und Wut gegenüber den Chinesen in mir zuließe, wäre das kein Zeichen der Stärke. Ich verlöre dadurch meinen inneren Frieden. Man könnte einwenden, daß geistige Übungen, die das menschliche Herz verändern wollen, wenig dazu beitragen, politische Herausforderungen zu lösen. Aber viele der grundlegenden Probleme in der Politik sind vor allem aus der negativen Haltung der Menschen entstanden. Auf lange Sicht können sie nur gelöst werden, wenn sich der Mensch ändert.

Die bösen Gedanken sind unsere wirklichen Feinde

Frage: Woher rührt nach buddhistischer Vorstellung das Böse in der Welt?

Seine Heiligkeit: Im Buddhismus haben wir für die schlechten Eigenschaften der Menschen verschiedene Erklärungen. Zunächst ist da der Glaube, daß viele schlechte Dinge von heute noch aus früheren Leben nachwirken. Dann denken wir auch an den schlechten Einfluß anderer Menschen. Befindet man sich in schlechter Gesellschaft von neidischen und hartherzigen Menschen, dann kann das auf einen abfärben. Man wird von solchen Menschen bestimmt Schlechtes erfahren und kann dadurch das Vertrauen in die Menschheit überhaupt verlieren. Dann besteht die Gefahr, daß man nur mehr auf seinen eigenen Vorteil bedacht ist, statt an das Wohlergehen der anderen zu denken.

Unsere wirklichen Feinde sind die eigenen schlechten Gedanken. Vor äußeren Feinden kann man vielleicht weglaufen. Haß und Wut bleiben bei uns, auch wenn wir die Türen hinter uns abschließen. Wenn wir negative Gedanken haben, dann schaden wir uns selbst am meisten, auch die schönsten Dinge freuen uns nicht mehr. Ich erinnere mich, einmal habe ich immer wieder vergeblich versucht, eine Uhr zu reparieren, sonst eine meiner Lieblingsbeschäftigungen. Als es mir nicht gelang, habe ich auf die Uhr eingeschlagen und dabei alles kaputtgemacht.

Der Balken im eigenen Auge

Frage: Aber meistens denken wir umgekehrt, wir wollen unsere eigenen Fehler nicht wahrhaben, über die schlechten Eigenschaften der anderen können wir nicht genug Worte verlieren. Das meint ja auch Jesus mit dem Gleichnis: „Wie kannst du zu deinem Bruder sagen: 'Laß mich den Splitter aus deinem Auge wegnehmen', dabei ist der Balken in deinem Auge." So wird aus dem „Bruder" schnell der Feind.

Seine Heiligkeit: ... Ja, das einzige Böse, was mich wirklich betroffen machen sollte, ist das Böse in meinem eigenen Herzen. Äußere Feindschaften gehen vorüber. Die inneren Feinde wie Wut, Haß, Begierde aber bleiben. Für jeden Menschen gilt: Ich bin mir selbst der größte Feind, mit meiner Abhängigkeit, meinem Verlangen, meinem Haß. Der Feind im eigenen Herzen wird immer ein Feind bleiben. Man darf mit seinen bösen Neigungen keine Kompromisse eingehen. Schlechte Gedanken können nichts Gutes bewirken. Man muß sie unter Kontrolle bringen, sonst wird man keinen geistigen Frieden erlangen. So betrachtet, lebt unser wirklicher Feind, der rastlose Unruhestifter, in uns selbst.

Der äußere Feind von heute hingegen kann manchmal sogar zum besten Freund von morgen werden. Ich habe in meinem Leben häufig von jenen am meisten gelernt, die ich für meine Feinde hielt.

Feinde werden Freunde

Frage: Von den Feinden lernen?

Seine Heiligkeit: Wir sollen heilende Hinwendung und Toleranz nicht nur gegenüber unserer Familie oder unseren Freunden anwenden, sondern ganz besonders auch gegenüber unseren Gegnern. So gesehen, ist mein Feind mein wahrer Freund. Er ist der Prüfstein für meine innere Stärke, für meine Toleranz und meine

Achtung vor den anderen, besonders gegenüber den Fremden. Auf diesen Punkt legt der *Mahāyāna-Buddhismus* den allergrößten Wert.

Wir sind alle Menschen

Frage: Die Toleranz und das Verständnis gegenüber Fremden wird immer wichtiger, da die Kulturen einander näher rücken und sich vermischen. Aber trotzdem breitet sich fast überall in Europa eine ausländerfeindliche Haltung aus. Auch in Deutschland haben die Ausschreitungen gegenüber Ausländern zugenommen ...

Seine Heiligkeit: ... aber, daß sich die Öffentlichkeit über diese Ausschreitungen so schockiert gezeigt hat, darin sehe ich ein gutes Zeichen. Solange das Volk die Ausländer ablehnt, können die Politiker wenig ausrichten. Wichtig ist, daß wir den Fremden grundsätzlich mit einer freundlichen Einstellung begegnen. Dabei sollen wir uns immer wieder vor Augen halten, daß die Fremden genauso fühlen wie wir. Nur so können die Schranken fallen, die man innerlich zwischen sich selbst, seiner Familie und den Fremden errichtet. Nur so können echte Kontakte zu unseren Mitmenschen entstehen.

Haßgefühle gegenüber Ausländern sind oft ein Ausdruck von Angst vor dem Unbekannten. Wenn sich Fremde begegnen, sind sind sie zunächst vorsichtig und zurückhaltend. Aber solche Ängste kann man doch abbauen. Wenn ich mit einem mir noch unbekannten Menschen zusammentreffe, dann achte ich wenig darauf, welche Stellung er innehat, ob er reich oder arm ist. Für mich zählen sein Gesichtsausdruck, sein Lächeln, sein Blick. Das sagt mir mehr über einen bestimmten Menschen als alles, was in seinem Paß vermerkt ist. Jedesmal, wenn ich mit jemandem aus einer anderen Kultur spreche, spüre ich, daß es zwar Dinge gibt, die uns voneinander unterscheiden, und doch sind wir alle Menschen.

Wenn Kinder aus Afrika, aus Europa oder Asien zusammenkommen, dann können sie sich ohne Schwierigkeiten zusammensetzen und miteinander spielen. Kinder achten nicht auf kulturelle Unterschiede. Sie werden Freunde, wenn sie sich gut verstehen, ohne auf die Rasse oder die Hautfarbe zu achten. Das zeigt doch, daß es die eine große Völkergemeinschaft gibt.

8. Unterschiedliche Glücksvorstellungen

Glück und Unglück

Frage: Eure Heiligkeit, Sie betonen oft, daß alle Menschen nach Glück streben. Aber unterscheiden wir uns nicht sehr in unseren Vorstellungen vom Glück?

Seine Heiligkeit: Das Glück hat viele Ebenen. Ich stelle mir das Glück als ein harmonisches Zusammenspiel von innerem Frieden im Herzen des einzelnen Menschen und von äußerem Weltfrieden unter den Völkern vor. Und ich wünsche mir möglichst großen Wohlstand für alle Erdbewohner. Armut und Elend bringen kein glückliches Leben. Man muß seine Grundbedürfnisse befriedigen können, man braucht zu essen, sauberes Wasser und ein Dach über dem Kopf. Das gilt für alle Kulturen.

Mancher meint, daß Menschen, die in Saus und Braus leben und ohne große Anstrengungen ihre Tage genießen, ein wirklich glückliches Leben führen. Aber Reichtum ist keine Garantie für das Glück. Oft wachsen mit dem Geld auch die Sorgen. Je mehr man besitzt, desto mehr kann man auch verlieren. Kaum hat man etwas erworben, schon ängstigt man sich vor dem Verlust. Wer sich aus purer Habgier etwas kauft, wird bald merken, daß es andere gibt, die noch mehr besitzen. Man kommt auf diesem Weg nie zur Ruhe.

Es gibt zwei Arten, Glück und Leid zu erfahren, auf der geistigen und auf der körperlichen Ebene. Ich glaube, daß die geistige Ebene ausschlaggebend ist. Daher scheint es mir so wichtig zu sein, daß wir unseren Geist üben. So können wir dem Unglück mit größerer Gelassenheit begegnen und für das Glück empfänglicher werden.

Menschliche Güte im Kaufhaus?

Frage: Die Konsumgesellschaft lebt von der Idee, daß Kaufen glücklich macht. Ständig wird den Menschen eingeredet, zum letzten Glück bräuchten sie noch dieses oder jenes. Selbst unsere religiösen Feste sind zu Konsumfeiern geworden.

Seine Heiligkeit: Daß Kaufen glücklich macht, ist eine Täuschung. Obwohl Naturwissenschaft und Technik einen wichtigen Beitrag für das Wohlbefinden der Menschen geleistet haben, können sie das Glück des Menschen doch niemals produzieren. Ich habe in den Vereinigten Staaten und in Europa viele üppige Kaufhäuser gesehen, in denen alle erdenklichen Waren angeboten wurden, ich habe aber keines gesehen, wo es menschliche Güte zu kaufen gab. Der materielle Fortschritt hat den Menschen eine Art von Glück beschert, das nur von äußeren Bedingungen abhängt. Wahres Glück aber kommt aus dem Herzen des Menschen und ist nicht an irgendwelche Güter gebunden. Güte und Glück müssen im eigenen Herzen wachsen. Man kann heute zwar Herzen verpflanzen, aber ein liebevolles und gütiges Herz kann man durch keine Operation bekommen.

Wenn man bereit ist, ein bescheidenes Leben zu führen, dann ist man auch zufrieden. Für das Glücklichsein ist eine einfache Lebensweise von großer Bedeutung. Wenn man sich bescheidet mit dem, was man hat, und sich begnügt und nicht ständig etwas Neues will, wird man Zufriedenheit und Daseinsfreude erfahren. Man kann auch in schlichter Kleidung, ja in Lumpen, in einer anspruchslosen Wohnung glücklich sein. Und man kann von tiefer Freude erfüllt sein, wenn es gelingt, sich von falschen inneren Haltungen und Bindungen zu lösen.

Die höchsten Ziele

Frage: Macht die Suche nach dem Glück den Sinn unseres Lebens aus?

Seine Heiligkeit: Bestimmt sind Zufriedenheit, Freude und Glück die höchsten Ziele im Leben. Und die Quelle für das Glücklichsein ist ein mitfühlendes und liebendes Herz. Schon vom Augenblick an, in dem der Mensch in diese Welt eintritt, sehnt er sich nach dem Glück und versucht instinktiv das Leid zu vermeiden. Dabei spielt es keine Rolle, in welche Gesellschaftsschicht jemand hineingeboren wurde, welche Bildung er hat, unter welcher Ideologie er aufgewachsen ist oder in welchem Land er lebt. Auch wenn ich kein politisches System kenne, das allen anderen überlegen ist, sollte doch jeder in seinem Land ein Recht auf das Glück haben.

9. Friede und Umwelt

Im Geiste Mahatma Gandhis

Frage: Sie denken dabei sicher auch an Ihre Heimat, an Tibet. In einer Epoche zunehmender Gewalt verkörpert der Dalai Lama wie nur wenige den gewaltlosen Widerstand. Sie setzen sich unerschütterlich für die Gewaltfreiheit ein. Alle von Ihnen vorgeschlagenen Friedenslösungen beruhen auf Toleranz und gegenseitiger Achtung im Sinne Mahatma Gandhis und Martin Luther Kings, der für seinen gewaltfreien Kampf der Schwarzen in Amerika mit dem Friedensnobelpreis ausgezeichnet wurde.

Seine Heiligkeit: Ich fühle mich ganz besonders den Lehren Mahatma Gandhis verpflichtet. Wie ich in meiner Rede anläßlich meines Nobelpreises 1989 in Oslo sagte, habe ich den Preis als Zeichen dafür gesehen, daß wir Tibeter nicht vergessen worden sind, obwohl wir mit friedlichen Mitteln gekämpft und so auf unsere Not aufmerksam gemacht haben. Damit sind auch unsere wichtigen Werte wie die Achtung vor allen Formen des Lebens, wie der Glaube an die Macht der Wahrheit anerkannt worden. Ich glaube, daß der Dialog der einzige Weg bleibt, um eine dauerhafte Lösung für die Tibet-Frage zu finden.

Durch Gewalt mag man kurzfristig einiges erreichen, aber langfristig gesehen wird alles nur noch schwieriger. Auch aus diesem Grund setze ich mich für einen gewaltlosen Widerstand, für gewaltfreie Aktionen ein.

Widerstand ohne Waffen

Frage: Wenn man an die wiederholten Aufstände in Tibet denkt, dann könnte man meinen, daß die Politik des gewaltlosen Widerstandes dort zu zerbröckeln beginnt.

Seine Heiligkeit: Nein, ich denke nicht. 1987 habe ich in einem Fünf-Punkte-Friedensplan dargelegt, wie die tibetische Frage zu lösen sei: Tibet solle eine eigenständig regierende, demokratische Einheit bilden – China aber weiterhin für die Außenpolitik verantwortlich bleiben. Nachdem die chinesische Seite überhaupt nicht reagierte, zog ich diese Vorschläge 1991 wieder zurück. Die weitreichenden Zugeständnisse an die chinesischen Machthaber haben mir unter den Tibetern sehr viel Kritik eingebracht. Wie dem auch sei, ich trete nach wie vor für Gewaltlosigkeit ein.

Auch die Chinesen sind dankbar

Frage: Gibt es Umstände, in denen die Anwendung von Gewalt durch die Religion gerechtfertigt werden kann?

Seine Heiligkeit: Ja, unter gewissen Umständen. Alles hängt von den Beweggründen und von den Zielen ab, die dadurch erreicht werden sollen. Wenn es überhaupt keine andere Alternative gibt, dann ist Gewalt erlaubt. Im Hinblick auf die tibetische Frage aber wäre ein bewaffneter Kampf reiner Selbstmord. China könnte die ganze tibetische Rasse austilgen.

Meine Überzeugung, daß die Gewaltlosigkeit richtig ist, hat sich in letzter Zeit erneut bestätigt. Viele Chinesen in China und im Exil haben mich wissen lassen, daß sie mir dankbar dafür sind, daß ich davon nicht abgerückt bin. So haben wir ja auch alle Haßgefühle gegenüber den Chinesen vermieden. Das war für mich wieder eine Bestätigung, daß mein Weg richtig ist. Darüber bin ich sehr froh.

Die Zukunft der Menschheit

Frage: Aus dieser Sicht ist Gewaltlosigkeit also mehr als bloße Abwesenheit von Gewalt …

Seine Heiligkeit: Gewaltlosigkeit ist für uns eine Geisteshaltung, die mit Liebe und Barmherzigkeit gepaart ist. Man kann ja anderen mit dem Mund freundliche Worte sagen, dabei im Herzen aber böse Gedanken tragen. Auf der anderen Seite können Menschen hart auftreten, aber trotzdem von Mitgefühl bestimmt werden. Es kommt immer auf die Beweggründe an. Manche meinen, Gewaltlosigkeit sei nur etwas für besonders fromme Menschen.

Ich aber glaube, daß sie alle Menschen angeht, ja daß die Zukunft der Menschheit von einem friedlichen Zusammenleben aller abhängt. Wir wären doch alle gefährdet, wenn Haß und Gewalt überhandnehmen. Gerade angesichts des erschreckenden Waffenpotentials ist unsere Idee der Gewaltlosigkeit zur Überlebensfrage geworden. Nur wenn wir uns alle in der Haltung der Gewaltlosigkeit üben, werden wir auf diesem Planeten überleben. Besonders in diesem Jahrhundert haben wir immer wieder erfahren müssen, wieviel Leid und Elend durch Kriege entstehen. Wir haben gelernt, wie sehr wir den Einsatz von Waffen fürchten müssen.

Soldaten richten dabei nichts aus

Frage: Ist eine Welt ohne Gewalt überhaupt möglich? Ist sie nicht vielmehr eine Illusion?

Seine Heiligkeit: Leider spielen Zorn, Haß und Gewalt auch bei den gegenwärtigen Konflikten ständig mit, sei es im Mittleren Osten, in Südostasien, in Ex-Jugoslawien, bei den Auseinandersetzungen zwischen dem Norden und dem Süden. Viele Unruheherde entstehen, weil man die anderen Menschen in ihrer Andersartigkeit nicht versteht. Weder immer mehr Waffen, noch mehr Soldaten, auch keine noch so große Entwicklungshilfe können daran etwas ändern. Wir müssen uns immer mehr darüber im klaren sein, daß wir Menschen alle ein gemeinsames Schicksal teilen. Haß und Krieg bringen auch den Siegern von Kriegen kein Glück. Gewalt erzeugt immer Elend und bringt auch denen, die sich als die Stärkeren erwiesen haben, keinen Segen.

Der Kalte Krieg ist zu Ende, und trotzdem gibt es immer noch die nuklearen Waffenarsenale, die alles vernichten können. Kriege entstehen, weil Menschen von Rastlosigkeit und Zerstörungswut getrieben werden. Den Krieg verlieren immer alle.

Vielleicht sollten die politischen Führer „Entspannungs-Treffen" abhalten, bei denen sie sich in einer gelockerten Atmosphäre als Menschen besser kennenlernen können. Wahrscheinlich würden sie dann größeres Verständnis füreinander aufbringen. Rasse, Kultur und Ideologie dürfen uns nicht trennen, weil es nur eine Menschheit gibt. Das gilt für Krieg oder Frieden, wie für die Rettung oder die Zerstörung der Umwelt.

Eine Warnung der „Mutter Erde" an ihre Kinder

Frage: Bei den Buddhisten ist der Mensch, anders als bei den Christen, nicht der Höhepunkt der Schöpfung, er ist nicht aufgerufen, sich die Erde untertan zu machen ...

Seine Heiligkeit: ... welche Vorstellung wir auch immer haben, heute zwingt uns die harte Wirklichkeit umzudenken. Wir Buddhisten denken, daß der Planet Erde zu uns wie eine „Mutter" ist. Eine „Mutter", die uns Menschen hervorgebracht hat und uns mit allem Nötigen versorgt. Wir werden von der Natur in Liebe umhegt. Daher müssen auch wir uns um die Erhaltung der Natur sorgen. Im Anblick der verheerenden Umweltzerstörung unserer Tage scheint uns „Mutter Erde" heute zu sagen: „Meine Kinder, ihr müßt vernünftig sein. Wenn ihr fortfahrt, euren Planeten weiter so auszubeuten, kann daraus nur eine Katastrophe werden."

Bisher hat „unsere Mutter" das schlechte Benehmen ihrer Kinder noch geduldet, aber da wir immer mehr übertreiben, werden uns Grenzen gesetzt. Es gibt viele warnende Zeichen, die wir nicht übersehen sollten. Wir können nicht mehr rücksichtslos und selbstbezogen nur an unseren eigenen Vorteil denken. Dieser Planet ist unser Heim. Niemand würde auf die Idee kommen, sein eigenes Haus anzuzünden, um sich dadurch am Feuer erwärmen zu können. Wohin sollten wir umziehen, wenn unser Planet zerstört ist? Auf den Mond vielleicht?

Die Fische schwimmen wieder

Frage: Heute haben viele Menschen begonnen, die Warnungen der „Mutter Erde" ernst zu nehmen. Aber ob die bisherigen Initiativen ausreichen, ist eine andere Frage ...

Seine Heiligkeit: Ja, es gibt eine „freundliche Ökologie", die versucht, mit umweltfreundlichen Spraydosen die Zerstörung der Ozonschicht aufzuhalten. Vor vielen Jahren, als ich in Stockholm war, sah ich den Mälarsee, der sich durch die Stadt zieht und wie tot schien. Er war so verschmutzt, daß, wie man mir erzählte, kaum noch Fische überleben konnten. Als ich jetzt zurückgekehrt bin, erfuhr ich, daß der König persönlich hier wieder Fische ausgesetzt hat.

Die Fabriken am Fluß haben entsprechende Maßnahmen getroffen. Man kann doch sagen, daß Anstrengungen unternommen werden, die Verschmutzung zu begrenzen. Nur wenn wir bescheiden und vernünftig leben und die Naturschätze der Erde nicht unnötig verschwenden, leben wir im Einklang mit der Natur. Wenn wir mit dem Raubbau nicht aufhören, wird das natürliche Gleichgewicht gestört, Naturkatastrophen werden zunehmen, und nicht nur die Menschheit, auch die Tier- und Pflanzenwelt wird darunter leiden.

Ahimsā

Frage: Eure Heiligkeit, Sie wollen Tibet zu einer Friedenszone machen …

Seine Heiligkeit: Ja, zu einem „*Ahimsā*gebiet". *Ahimsā* ist ein buddhistischer Begriff für das „Nicht-Verletzen" von lebenden Wesen. Mein Traum wäre es, daß die gesamte Hochebene von Tibet zu einer Zufluchtsstätte würde, in der Mensch und Natur in harmonischer Ausgeglichenheit leben würden. Hier könnten Menschen aus aller Welt in Eintracht leben. Tibet könnte zu einem Zentrum des Friedens werden und dazu beitragen, daß der Weltfriede sich ausbreitet.

Ich möchte Tibet zum größten Naturschutzgebiet der Welt machen. Alle Organisationen, die sich der Friedensförderung und dem Schutz des Lebens widmen, wären willkommen. Durch seine geographische Höhenlage, seine Geschichte, sein geistiges Erbe eignet sich Tibet besonders gut dafür, mitten in einer strategischen Zone seine historische Rolle als Puffer zwischen den großen Mächten Asiens zu spielen. Auch hier geht es um den „Mittleren Weg", der für uns Buddhisten ein zentrales Anliegen bleibt. Wir versuchen ständig, eine ausgleichende Stellung zwischen den Extremen einzunehmen, ob es nun um den einzelnen, um Völker oder Kulturen geht.

Bittere Armut und das angenehme Leben

Frage: Uns allen droht die Umweltkatastrophe, und doch lebt der größte Teil der Weltbevölkerung in äußerster Armut …

Seine Heiligkeit: Hier besteht ein Widerspruch. Die armen Länder brauchen ein rascheres Wirtschaftswachstum, um zu überleben, gleichzeitig aber zerstört eine Zunahme ihres Lebensstandards die Umwelt. Ohne wirtschaftliche Entwicklung ist das Überleben eines großen Teils der Menschheit gefährdet, damit aber wachsen auch die Risiken der Umweltzerstörung. Wir befinden uns in einem Dilemma, denn die Menschheit kann nicht wieder auf den Stand der Technik im letzten Jahrhundert zurückkehren. Sollen wir alle Fabriken schließen und wieder zu Selbstversorgern werden? Es ist doch klar, daß so etwas nicht möglich ist.

Bereits in den sechziger Jahren führte ich lange Diskussionen mit einem Inder, der vorschlug, daß jeder ein kleines Stück Land besitzen und für seinen eigenen Lebensunterhalt sorgen sollte. Alle diese großen Landwirtschaften sollten aufgegeben werden. Er war ein echter Ökologist, obwohl er es selbst nicht wußte, weil dieser Begriff noch nicht bis nach Indien vorgedrungen war.

Bei allen diesen Überlegungen geht es nicht nur um uns, sondern auch um die kommenden Generationen. Die Menschen werden immer zahlreicher, und die Naturschätze immer knapper. Denken Sie zum Beispiel an die Bäume: Bis heute weiß man noch nicht genau, welche Auswirkungen das Waldsterben auf das Klima, den Boden und die weltweite Ökologie haben wird. Diese Probleme werden uns über den Kopf wachsen, wenn die Menschen nicht aufhören, sich nur vom eigenen angenehmen Leben lenken zu lassen. Wenn es unserer heutigen Generation nicht gelingt, global zu denken, dann werden wir unseren Kindern und Kindeskindern unlösbare Aufgaben hinterlassen.

10. Über die religiöse Freiheit in Tibet

Sie plappern nur noch Worte nach

Frage: Eure Heiligkeit, wie groß ist die religiöse Freiheit in Tibet unter der chinesischen Besatzung? Können die Mönche unbehindert ihren religiösen Übungen nachgehen?

Seine Heiligkeit: Die Chinesen hatten gehofft, daß die Fundamente der buddhistischen Lehre in einer oder in zwei Generationen verschwinden würden. Sie glaubten tatsächlich, jede andere Überzeugung und jeden Glauben außer dem Marxismus ausrotten zu können. Aus diesem Grund versuchen sie, durch alle möglichen Einschränkungen die Verbreitung des Buddhismus zu verhindern. Die Lage ist aber von Region zu Region unterschiedlich. In der sogenannten „Autonomen Provinz Tibet" sind die Einschränkungen stärker als in Amdo und Kham und in manchen entlegenen Gegenden, die von den chinesischen Behörden schwerer zu kontrollieren sind.

Es scheint, daß die Chinesen das Wesen des Buddhismus kaum verstehen. Sie gestatten zwar gewisse religiöse Übungen wie die Prosternationen, das sind Niederwerfungen, bei denen man Stirn, Hals und Brust mit gefalteten Händen berührt, bevor man sich der Länge nach zu Boden wirft, um sich wieder zu erheben und von neuem zu beginnen. Man hat auch nichts gegen unsere Gebetspraktiken wie das Verwenden von Gebetsmühlen, das Anzünden von Butterlampen oder das Tragen von Gebetsschnüren, oder das Aufsagen des Mantra: *„Om mani padme hum"* (Oh, du Kleinod im Lotus). Das sind aus buddhistischer Sicht aber doch nur mindere religiöse Übungen. Das Wesentliche ist für uns die Transformation des Geistes, die grundlegende Verwandlung der menschlichen Einstellung gegenüber der Umgebung und besonders gegenüber den Mitmenschen.

Um den Buddhismus wirklich zu verstehen, sind lange Studien erforderlich. Leider gibt es in Tibet heute kaum mehr buddhistische Gelehrte, und die wenigen, die noch übriggeblieben sind, wurden eingeschüchtert. Sie haben Angst vor den harten Strafen, die ihnen für die Verbreitung unserer Lehre drohen. Ich beklage es sehr, daß daher in Tibet die religiösen Unterweisungen völlig unzureichend sind. Wenn dieser Zustand weiter anhält, dann könnte der Buddhismus hier zu einer Religion blinden Glaubens herabsinken. Die buddhistische Ausbildung dauert bis zu achtzehn Jahren. Wenn man die Lehren nicht gründlich studiert hat, plappert man nur Worte nach, deren Bedeutung man gar nicht verstanden hat. Das größte Problem ist es, gute Lehrer zu finden. Im Exil gibt es bereits mehr ausgebildete Mönche als in Tibet selbst. Oft werde ich daher von den Klöstern dort gebeten, ihnen gut ausgebildete Lehrer zu schicken. Die wenigen, die es noch gibt, sind heute schon zwischen siebzig oder achtzig Jahre alt.

Ein leidendes Volk

Frage: Die Chinesen sagen, sie hätten seit 1987 über tausend Tibeter aus den Gefängnissen entlassen und niemand sei hingerichtet worden. Wie beurteilen Sie die Lage in Tibet heute?

Seine Heiligkeit: Das ist schwer zu glauben. Es gibt Dokumente, die zeigen, daß in diesem Zeitraum mindestens drei oder vier öffentliche Hinrichtungen stattgefunden haben, daß viele Menschen spurlos verschwunden sind, daß Tausende in Gefängnissen mißhandelt werden. Man wendet so grauenhafte Foltermethoden an, wie den Gefangenen so viel Blut abzuzapfen, bis sie vor Schwäche sterben. Dank des Einsatzes vieler Freunde Tibets sind wir über die unvorstellbar grausamen Menschenrechtsverletzungen ziemlich gut informiert.

Das tibetische Volk wird durch eine gezielte Umsiedlungspolitik von Han-Chinesen nach Tibet in seiner Existenz gefährdet. Bereits jetzt bilden die Tibeter eine Minderheit im eigenen Land. Grausame Gesetze schrecken weder vor Zwangssterilisationen noch vor Zwangsabtreibungen – bis zum neunten Monat – zurück. Während der letzten vierzig Jahre sind eine Million Tibeter umgekommen. Mehr als 6000 Klöster hat man systematisch zerstört. Hunderte Mönche und Nonnen wurden aus ihren geistigen Zentren vertrieben. Die Tier- und Pflanzenwelt ist schwer beschädigt worden, die Umwelt wird von Atommülldeponien bedroht.

Bald denken sie auch wie die Han-Chinesen

Frage: Es ist also sehr schlecht bestellt um die Menschenrechte in Tibet?

Seine Heiligkeit: Die Lage ist in der Tat äußerst besorgniserregend, vor allem, weil so viele Han-Chinesen nach Tibet angesiedelt werden. Dadurch verlieren immer mehr Tibeter ihre Arbeit, leben in Armut und müssen – gegen ihren Willen – vom Staat versorgt werden. Das führt natürlich zu großen Spannungen. Schon die kleinste Äußerung von Unmut wird von der chinesischen Führung als politischer Widerstand gedeutet. Diese Leute werden dann verhaftet und mißhandelt, es sind fast immer gravierende Menschenrechtsverletzungen.

In Ortschaften, wo sehr viele Chinesen leben, werden die Tibeter gezwungen, Chinesisch zu sprechen. Mit der Zeit werden sich dadurch auch das Denk- und das Verhaltensmuster verändern. Durch den starken Einfluß der Chinesen wird die tibetische Kultur in Frage gestellt. Meine dringendste Aufgabe sehe ich darin, die Tibeter vor dieser „chinesischen Zukunft" zu schützen.

Der Draht nach Peking

Frage: Gibt es direkte Kontakte zwischen dem Dalai Lama und der Regierung in Peking?

Seine Heiligkeit: Ja, die hat es gegeben. Zu direkten Kontakten zwischen der tibetischen Exilregierung und den Chinesen ist es jedenfalls 1979 gekommen. Damals hat mich Deng Xiaoping durch die chinesische Regierung wissen lassen, man könne über alles, außer über die vollständige Unabhängigkeit diskutieren. Außerdem lebten auch in Hongkong oder Taiwan Chinesen unter anderen politischen Systemen. Wegen dieser beiden Äußerungen habe ich mich vierzehn Jahre lang um eine Lösung der Tibetfrage bemüht. Ich habe nie von einer vollständigen Unabhängigkeit gesprochen, sondern ich habe den Gedanken eines Landes und zweier Systeme auch als Grundlage meiner Vorschläge betrachtet.

Damals war es für uns möglich, drei Delegationen nach Tibet zu entsenden, um die Situation an Ort und Stelle zu ergründen. Danach konnten wir in Peking mit den chinesischen Führern über die tibetische Frage und deren Lösung sprechen. Jedoch begriffen wir schnell: Für die chinesische Seite existiert die Tibet-Frage überhaupt nicht. Man sagte uns, es gebe nur ein Problem, das des Dalai Lamas, der außerhalb von Tibet lebt. Innerhalb Tibets ginge es den Menschen gut und die Tibeter seien unter der chinesischen Führung sehr glücklich.

Wir haben natürlich darauf hingewiesen, daß das Gegenteil zuträfe, und den Chinesen zu verstehen gegeben, daß eine Lösung des Tibetproblems nicht nur im Interesse des tibetischen Volkes, sondern auch der Chinesen läge. Aus diesem Grund solle man den Tatsachen, wie sie sich in Tibet wirklich abspielen, ins Auge sehen. 1987 habe ich dann in einem Fünf-Punkte-Friedensplan dargelegt, wie die tibetische Frage zu lösen sei. Dann schlug ich 1988 vor dem Europaparlament in Straßburg vor, Tibet solle eine eigenständig regierende demokratische Einheit bilden, China aber weiterhin für die Außenpolitik verantwortlich bleiben. Diese weitreichenden Zugeständnisse gegenüber den chinesischen Machthabern haben mir unter den Tibetern sehr viel Kritik eingebracht. Von der chinesischen Seite gab es bis jetzt jedoch überhaupt keine Reaktionen. Aufgrund des chinesischen Schweigens habe ich mein Angebot wieder zurückgezogen. Trotzdem bin ich entschlossen, meine Bemühungen fortzusetzen.

Sanktionen

Frage: Wie sollten sich andere Regierungen China gegenüber verhalten, um der Sache Tibets zu helfen? Halten Sie zum Beispiel Sanktionen für ein geeignetes Mittel?

Seine Heiligkeit: China, als volkreichstes Land der Erde, sollte nicht von der Weltpolitik ausgeschlossen werden, sondern vielmehr in den Strom der internationalen Politik eingebettet sein. Gleichzeitig aber sollten die anderen Länder gegenüber unseren chinesischen Freunden klar zum Ausdruck bringen, daß diese sich falsch verhalten. Besonders sollten sie die Verletzungen von Menschenrechten verurteilen. Deswegen war ich auch gegen die Olympischen Spiele in Peking. Mir scheint, daß die Politik gegenüber der früheren Sowjetunion in dieser Hinsicht sehr weise war. Auf der einen Seite wurde sehr deutlich und kompromißlos das Einhalten der Menschenrechte verlangt, zugleich aber gab es ständige Verhandlungen mit den Sowjets, um die Beziehungen zu verbessern. Aber wenn Worte wenig ausrichten können, sollten als Druckmittel auch wirtschaftliche Sanktionen in Betracht gezogen werden.

Wenn es um Gerechtigkeit geht

Frage: Bestehen Ähnlichkeiten zwischen Marxismus und Buddhismus?

Seine Heiligkeit: Den sozialistischen Ideen von Gerechtigkeit und Brüderlichkeit in der Welt fühle ich mich durch die buddhistischen Lehren auf jeden Fall verbunden, denn das kapitalistische System hat auch seine Schattenseiten. Mir mißfällt vor allem die immer größer werdende Kluft zwischen Armen und Reichen.

Ein Pujā *für die Opfer vom Tien-An-Mien*

Frage: Gibt es Chinesen, die sich für den Buddhismus interessieren?

Seine Heiligkeit: Der Tibetische Buddhismus scheint auf immer größeres Interesse bei jungen Chinesen, besonders bei Intellektuellen, zu stoßen. Da zur Zeit nicht nur in China, sondern in ganz Asien eine ideologische Verwirrung herrscht, könnte unsere Religion vielen einen Halt geben. Obwohl in China der Marxismus die einzig offiziell zugelassene Ideologie bleibt, glaubt doch kaum jemand mehr daran. Wenn das Geld zum höchsten Wert wird, dann besteht die Gefahr der Gleichgültigkeit und des Zynismus gegenüber den Werten des Lebens. Gerade hier könnte der Buddhismus helfen, den Seelenfrieden zu finden. 1989 habe ich mich dafür eingesetzt, daß ein Pujā, eine Gedenkzeremonie, für die Opfer der Massaker auf dem Tien-An-Mien-Platz zelebriert wurde. Dadurch ist das Interesse an der Sache Tibets unter den Chinesen gestiegen, und wir haben seither regelmäßige Kontakte zu verschiedenen Bewegungen für die Demokratie in China.

Panchen Lama

Frage: Haben Sie nicht kürzlich auch wegen der Suche nach der Inkarnation des 1989 verstorbenen Panchen Lama das Gespräch mit den Chinesen gesucht?

Seine Heiligkeit: Die Exilregierung ist an den chinesischen Botschafter in Delhi mit der Bitte herangetreten, bei der Suche nach der Inkarnation des Panchen Lamas, des zweithöchsten religiösen Würdenträgers der Tibeter, behilflich zu sein. Ich betrachte es als besondere moralische Verantwortung, mich um die Auffindung dieser Inkarnation zu kümmern, weil der ehemalige Panchen Lama sich seinerseits sehr stark für die Auffindung des früheren Dalai Lamas eingesetzt hatte. Mein Vorschlag gegenüber der chinesischen Botschaft lautete: Qualifizierte tibetische Mönche sollten nach Tibet gehen, um dort die Inkarnation zu suchen. Nach drei Monaten kam eine abschlägige Antwort von chinesischer Seite. Man ließ verlauten: Solange der Dalai Lama außerhalb Tibets lebe, sei es ihm nicht gestattet, sich in innere chinesische Belange einzumischen.

(In jüngster Zeit scheint sich eine Einigung in dieser Frage anzubahnen. Anm. der Verfasserin.)

Die Regierung im Exil

Frage: Gibt es eine Exilregierung außerhalb Tibets, die sich für die Interessen des Landes einsetzt?

Seine Heiligkeit: Ja, in Dharamsala, in Indien, wo ich heute lebe. Wir haben noch keine eigentlichen politischen Parteien, aber es gibt Bestrebungen, sie zu gründen. Die Exilregierung besteht aus Abgeordneten, die aus der Exilgemeinde gewählt worden sind.

11. Politik und Religion

Besonders Politiker bräuchten Religion

Frage: Eure Heiligkeit, Sie sagen, daß der Religion eine wichtige Rolle für die Suche und die Erhaltung des Weltfriedens zukommt. Welche Rolle kann die Religion in einer Welt spielen, die ganz unter dem Diktat der politischen Macht steht?

Seine Heiligkeit: Ich halte es für sehr wichtig, daß die Religion auf die Politiker einwirkt. Politiker brauchen die Religion viel mehr als fromme Menschen, die sich aus der Welt zurückgezogen haben. Ständig mehren sich die Skandale in Politik und Wirtschaft, die auf die mangelnde Selbstdisziplin der Verantwortlichen zurückzuführen sind. In Indien sagte der Ministerpräsident von Westbengalen einmal aus einer – wie er meinte – demütigen Haltung heraus, daß er ja Politiker sei und kein religiöser Mensch. Ich antwortete ihm, gerade die Politiker brauchen die Religion mehr noch als irgend jemand anderes.

Wenn ein Einsiedler in der Einsamkeit ein schlechter Mensch ist, schadet er sich damit nur selbst und niemand anderem. Wenn aber so einflußreiche Menschen wie die Politiker voller schlechter Absichten sind, dann können sie damit Unglück über viele bringen. Deshalb ist die Religion als eine ständige Arbeit an der inneren Reifung wichtig für die politischen Machthaber.

Ein Politiker muß moralische Grundsätze haben, davon bin ich überzeugt. So gesehen gehören Politik und Religion zusammen. In den USA sind Kirche und Staat zwar getrennt, aber bei der Amtseinsetzung schwört der Präsident mit der Hand auf der Bibel im Namen Gottes. So soll Gott zum Zeugen genommen werden, daß der Präsident seine Amtspflichten auch gewissenhaft erfüllen will.

Edle Konzepte für die Menschheit

Frage: Weltweit häufen sich Affären um korrupte Politiker. Ist die Politik nicht doch ein schmutziges Geschäft, von dem man sich als frommer Mensch besser fernhält?

Seine Heiligkeit: Ich weiß, für manche Leute ist die Politik gleichbedeutend mit Unmoral geworden. Sie meinen, man solle die Politik meiden. Eine Politik ohne ethische Spielregeln schadet jeder Gesellschaft, ein Leben ohne jede Moral läßt den Menschen verkümmern. Politik ist aber nicht von vornherein „schmutzig", obwohl viele Politiker die hohen Ideale und die noblen Konzepte, die dem Wohl der Menschheit dienen sollten, mißbraucht haben. Viele Gläubige meinen, Religion und Politik hätten wenig miteinander zu tun, sie halten ein Einmischen von Theologen oder religiösen Führern in die Politik für unangebracht.

Ich aber halte das für eine einseitige Sicht. Heute mehr denn je muß die Ethik eine große Rolle in der Politik spielen. Wie man weiß, kann es sehr gefährlich werden, wenn Politiker und Staatsmänner moralische Prinzipien außer acht lassen. Dabei ist es nicht so wichtig, ob wir an Gott oder das Karma glauben. Ethik ist die Grundlage jeder Religion. Es ist wichtig, daß religiöse Menschen sich nicht aus der Welt und der Gesellschaft, in der sie leben, zurückziehen. Durch Weltflucht kann man anderen nicht helfen, und gerade das – der Dienst am Nächsten – ist die Grundlage jeder Religion. Eine Ausmerzung der Tibeter durch den chinesischen Kommunismus würde nicht nur das Ende eines Volkes, sondern auch das Ende einer sehr hochstehenden Kultur bedeuten. Für die Erhaltung unserer alten tibetischen Kultur trägt die gesamte Welt eine Verantwortung.

III. Analyse

Wenn der Eisenvogel fliegt

Seit den siebziger Jahren entdecken Hunderttausende, ja Millionen Europäer und Amerikaner den Tibetischen Buddhismus und seine ganzheitliche Lebensweise. Den einen mögen seine logischen Analysen, den anderen seine prächtigen Rituale oder die strenge Meditation faszinieren. Das alles verschmilzt in dieser uralten Religion zu einer Synthese, die für alle Lebensbereiche einen „Mittleren Weg" weisen will. Die Welt merkte auf, als die Chinesen 1950 in das seit 1911 unabhängige Tibet einmarschierten und 1959 der Dalai Lama und viele hohe Lamas flüchteten. In der Folge sind im Westen verschiedene tibetische Zentren entstanden. Durch die vielbeachteten Reisen des Dalai Lamas nach Europa und in die USA nimmt das Interesse am Tibetischen Buddhismus und seinen verschiedenen Schulen noch immer zu.

Für viele sieht es aus, als hätten sich durch diese Entwicklung die prophetischen Worte des indischen Gelehrten *Padmasambhavas* aus dem 8. Jahrhundert erfüllt, der den Buddhismus nach Tibet brachte. „Wenn der Eisenvogel fliegt und die Pferde auf Rädern rollen, wird das tibetische Volk wie Ameisen über die Welt verstreut, und das Dharma (die buddhistische Lehre) kommt in das Land des roten Mannes."

Wachsam, gelassen und gestaltend

Gerade weil der Buddhismus von der Erfahrung ausgeht, hat er uns allen etwas zu sagen. Es geht um das Leben jedes fühlenden Wesens im Hier und Jetzt und um seine wechselseitige Beziehung zu allem Seienden, um die immer größer werdende Interdependenz aller Dinge, wie man heute sagen würde. Wer die grundlegenden buddhistischen Gedanken verstehen will, braucht zunächst jedenfalls über kein kompliziertes theoretisches Wissen zu verfügen. Ausgangspunkt ist die jedem denkenden und suchenden Menschen zugängige Einsicht, daß unser Leben und alle Erscheinungen bedingt und vergänglich sind.

Weil der Mensch sich diesem Gesetz des Vergänglichen nicht fügen und alles Gewesene festhalten will, erfährt er das Leben immer wieder als leidvoll. Jedes Festhalten am Bestehenden, jedes Haften an den Dingen wird als Wahn angesehen, der alles Leid erzeugt. So meinen die Buddhisten, daß alles, was uns als wichtig erscheint, was wir unbedingt erreichen wollen, unsere Sorgen, unsere Ängste und Hoffnungen, ja das eigene Ich, im Grunde doch nur Illusionen seien.

Wir sind hier auf Erden nur Besucher, sagt der Dalai Lama, wir machen unsere Erfahrungen und gehen wieder. Aber weil wir nun einmal in dieses Dasein gekommen sind, sollen wir das Beste daraus machen. Auf diesen Weg will uns der Buddha weisen. Wir sollen ein Gleichgewicht zwischen innerer Gelassenheit und aktiver Weltgestaltung anstreben. Unser unruhiger Geist, der ständig von Gedanken und Gefühlen durcheinandergewirbelt wird, soll ruhig werden. Buddhisten streben nach einer Ausgewogenheit, die an ein bekanntes christliches Gebet erinnert: „Gib mir die Gelassenheit, Dinge hinzunehmen, die ich nicht ändern kann. Gib mir den Mut, Dinge zu ändern, die ich ändern kann. Und gib mir die Weisheit, das eine vom anderen zu unterscheiden" (Friedrich Christoph Oetinger).

Der Buddhismus hat viele Gesichter

Es geht im Rahmen dieser Arbeit natürlich nicht um eine fachwissenschaftliche Darstellung. Hier kann nur ein knapper Umriß dieser für uns fremden und vielgesichtigen Welt entworfen werden, eine Skizze aus dem Blickwinkel der Verfasserin. „Nur wenige vermögen die Lehre des Buddhas ganz zu verstehen. Aber es hilft schon, wenn sie ein wenig davon begreifen", meint der Buddhismusforscher Heinz Bechert. Während fünfundzwanzig Jahrhunderten hat sich der Buddhismus in über dreißig asiatischen Ländern mit zum Teil sehr unterschiedlichen Kulturen verbreitet und vermischt. Buddhistische Begriffe gibt es heute in über zwanzig Sprachen.

Daher entstehen viele sprachliche und begriffliche Schwierigkeiten, die dem Europäer das Verständnis der geheimnisvollen Religion erschweren. Und dann erwecken Begriffe wie Religion, Erlösung, Person, Selbst, Seele oder Tod und Wiedergeburt in uns ganz andere Vorstellungen als in der alten indischen Kultur, in der der Buddhismus entstanden ist. Das Studium der gesamten buddhistischen Literatur würde mehrere Menschenleben in Anspruch nehmen. Viele der tausenden Schriften haben einen größeren Umfang als die Bibel. Im Vergleich dazu besteht die „Bibliothek" der Christen, das Alte und das Neue Testament, für Katholiken aus 73 und für Protestanten aus 67 Büchern.

Mit verschiedenen Fahrzeugen ins Nirvāna

Der Buddhismus gilt heute als die viertgrößte Weltreligion. Schätzungen über die Anhängerschaft schwanken zwischen 150 und 500 Millionen. Genaue Zahlenangaben sind schwer zu bekommen, weil man Buddhist sein und zugleich einer anderen Religion angehören kann. Nach den letzten Angaben des deutschen Statistischen Jahrbuches 1993 gibt es weltweit 309,1 Millionen Buddhisten (5,7 % der Weltbevölkerung). Allein 307,3 Millionen befinden sich in Asien (9,7 % der asiatischen Bevölkerung). Davon leben 67 Millionen in China (5,8 % der chinesischen Bevölkerung). In Europa gibt es etwa 271 000 Buddhisten, in den Gebieten der ehemaligen Sowjetunion 404 000. In Amerika sind es knapp 1,1 Millionen, 25 000 in Australien und Neuseeland, in Afrika 20 000.

Den Buddhisten erscheint ihre Lehre wie ein Fahrzeug ins *Nirvāna*. Daher heißen die verschiedenen Strömungen das Kleine, das Große und das Diamantene Fahrzeug oder *Hinayāna*, *Mahāyāna* und *Vajrāyana*. Heute findet man die ältere Schule, das *Hinayāna* hauptsächlich in Sri Lanka, Thailand, Birma und Kambodscha. Das *Mahāyāna*, im 1. Jahrhundert vor Christus entstanden, ist in China, Japan, Vietnam und Korea, das *Vajrāyana* in Tibet, der Mongolei und Japan verbreitet.

Wesentliche Punkte der buddhistischen Lehre fußen auf dem religiösen und philosophischen Gedankengut des älteren Hinduismus. Das gilt für den unaufhörlichen Kreislauf der Existenzen, die Lehre vom Karma, nach der sich gute oder böse Taten auf künftige Wiederverkörperungen auswirken. Auch das Mönchtum entstammt vorbuddhistischen Zeiten. Die buddhistische Gemeinde im engeren Sinn, *Sangha* genannt, setzt sich aus Mönchen *(Bhikshu)* und Nonnen *(Bhikshuni)* zusammen. Angeblich hatte Buddha selbst Bedenken gegenüber einem Nonnenorden, weil er um die Ordensmoral fürchtete. Im weiteren Sinn gehören zur buddhistischen Gemeinde auch die Laien. Lange Zeit hatten die Nonnen strengere Ordensregeln zu befolgen und sich den Mönchen unterzuordnen. Heute aber sind, vor allem im *Mahāyāna*, Mönche und Nonnen einander längst gleichgestellt.

Auch das für den Buddhismus typische Aneinanderreihen von Begriffen, das sogenannte *Samkhya*, gab es schon vor Buddha. Es ist das älteste vollständige Denksystem überhaupt. Dabei wird ein Begriff durch Aufzählung seiner Bestandteile bestimmt. So entstehen lange Begriffsketten, wie das weiter unten erwähnte sogenannte „buddhistische Credo", die „Vier Edlen Wahrheiten". Andere Elemente wie Askese und Yoga als Übungen, als Arbeit des einzelnen an sich selbst waren ebenfalls schon in der Mitte des 6. Jahrhunderts in Nordindien bekannt.

Der Dalai Lama ist kein buddhistischer Papst

Erst in der neuzeitlichen Religionswissenschaft wird von *dem* „Buddhismus" gesprochen als Sammelbegriff für die unterschiedlichen Strömungen. Die Vielzahl der Richtungen und Schulen hat aber kein Oberhaupt. Es gibt keinen „buddhistischen Papst". Das schließt nicht aus, daß der Dalai Lama mit seiner Menschlichkeit, seiner Selbstlosigkeit und seiner Klarheit des Denkens wie niemand anderer für den Westen den Buddhismus und die Gestalt des historischen Buddhas verkörpert.

Der Begriff Buddhismus leitet sich von Buddha „dem Erwachten" ab, dem Ehrentitel des historischen Religionsstifters Prinz Siddhārtha Gautama. Er hat im fünften vorchristlichen Jahrhundert (ca. 560 bis 480 v. Chr.) im heutigen indisch-nepalesischen Grenzgebiet gelebt. Weil er dem *Shākya-Stamm* entstammt, wird er auch *Buddha Shākyamuni* (der Weise aus dem Stamm *Shākya*) genannt. Nach der Überlieferung soll er durch „eigene Kraft" aus der Nacht des Irrtums zur Erkenntnis des Lichtes erwacht sein. Er hat Haß, Gier und Verblendung überwunden und wird als erhöhter, aber sterblicher Mensch verehrt. Nach eigenen Aussagen war er aber nicht der erste Buddha, und ihm sollen noch weitere Buddhas folgen. Aber anders als Jesus Christus will Gautama Buddha kein Erlöser, sondern ein Wegweiser sein.

Im gewissen Sinn nimmt der Buddhismus unter den Religionen eine Sonderstellung ein. Es ist die älteste Religion mit universellem Anspruch. Sie kennt, wie schon gesagt, keinen Gott als Schöpfer der Welt. Das All und die sittliche Weltordnung bestehen seit anfangslosen Zeiten. Man hat den Buddhismus deshalb im Westen gerne als „atheistische Religion" bezeichnet. In der späteren Entwicklung wird Buddha allerdings göttliche Verehrung zuteil, obwohl er das nach Ansicht einiger Buddhismusforscher selbst entschieden abgelehnt haben soll. Hier nähert sich der *Amidismus* in Japan mit seiner völligen Hingabe an den *„Buddha Amida"* fast schon dem Monotheismus an.

Alle Wesen können erlöst werden

Die buddhistische Lehre betont wie keine andere Religion die Vergänglichkeit. Lange Zeit hat man deshalb in Europa vom „pessimistischen Buddhismus" gesprochen und ihn als weltverneinende Bewegung der europäischen Daseinsbejahung entgegengesetzt. Doch diese recht einseitige Betrachtungsweise ist inzwischen durch tiefere Einsichten überholt worden. Denn die Buddhisten bleiben nicht bei der Verneinung stehen, sondern zeigen einen Erlösungsweg, auf dem alle Wesen den leidvollen „Kreislauf der Existenzen", *Samsāra* genannt, überwinden können. Ja es ist das buddhistische Ziel, alle Wesen aus dem leidhaften Dasein zu befreien und im *Nirvāna* (dem Verlöschen) zu erlösen und damit die Kette der Wiedergeburten zu beenden.

Der Mensch ist sich nicht bewußt, daß das Leben, dem er nachjagt, ihm die unaufhörliche Wiederkehr von Leiden, Schmerz, Enttäuschung, Verlusten, Alter und Tod bringt. Ein Wissender „haftet" sein Wollen nicht mehr an Genüsse, sondern trachtet beständig nach dem rechten Tun. Nicht mehr das „Was", auch nicht das „Daß (er lebt)", sondern das „Wie" seines Lebens ist wesentlich. Die Erlösung vom Leiden in allen seinen Formen, das *Nirvāna,* ergibt sich durch diese Wendung der Willensrichtung von selbst (Ernst von Aster, Geschichte der Philosophie, 1947, S. 17).

Vom Samsāra zum Nirvāna

So strebt der Buddhist aus dem Dascinskreislauf *Samsāra* zum *Nirvāna.* Was *Nirvāna* wirklich bedeutet, läßt sich wie die gesamte indische Lebensweisheit nur durch Einfühlung, Erfahrung und Versenkung und nicht nur durch bloße Theorie erfahren. In den späteren Schriften sieht man im *Nirvāna* einen teilweise im Diesseits, teilweise im Jenseits liegenden Zustand der Glückseligkeit. Im *Mahāyāna-Buddhismus* wird das *Nirvāna,* nach der Läuterung von falschen Vorstellungen und Begierden, als ein glückseliger Zustand, als das Einssein mit dem Absoluten verstanden. Jedes Wesen trägt die Möglichkeit in sich, ein Buddha zu werden und durch eigene Anstrengung die vollkommene Erleuchtung zu erlangen.

Es wird wohl ein Weg der Errettung gezeigt, aber es gibt keinen Erretter. Der Mensch bleibt auf sich selbst gestellt. Jedoch scheint im „Großen Fahrzeug" mit seinen *Bodhisattvas,* seinen Erleuchtungswesen, zu denen auch der Dalai Lama zählt, diese Aussage wieder eingeschränkt zu werden. Denn die *Bodhisattvas* leisten das Gelübde, durch tätige Hilfe das Leid aller Wesen auf sich zu nehmen und ihre eigenen karmischen Verdienste auf andere zu übertragen. Buddha ist hier mit dem Absoluten eins, er manifestiert sich in unserer Welt, um sich für das Heil aller Wesen einsetzen zu können.

Die „Drei Kostbarkeiten"

Für den Erlösungsweg wichtig sind Meditation sowie Kenntnis und Analyse der buddhistischen Schriften. Um auf diesem Weg voranzukommen, nehmen die Buddhisten mit dem Herzen Zuflucht bei den „Drei Kostbarkeiten" *(Triratna):* beim *Buddha,* dem Lehrer, beim *Dharma,* der Lehre, und beim *Sangha,* der Gemeinschaft von Gefährten auf dem Weg, – dies ist ihre Medizin. „Wie jemand, der das Umgestürzte aufrichtet, das Verhüllte aufdeckt, den Verirrten den Weg weist oder ein Licht ins Dunkel bringt, damit man die Dinge sehen kann", so hat der Erhabene die Lehre ausführlich dargelegt. „Herr, ich nehme meine Zuflucht zum Erhabenen, ich nehme meine Zuflucht zur Lehre, ich nehme meine Zuflucht zur Mönchsgemeinschaft", steht es in einem alten Text (A. Th. Khoury, Buddha für Christen, 1986, S. 72).

Die verschiedenen Formen der Meditation oder Geistesentfaltungen, die im Buddhismus wichtig sind, sollen unser „falsches Ich-Bewußtsein" auflösen. Sie können den Möglichkeiten des jeweiligen Menschen angepaßt werden. Man unterscheidet zwischen einer analytischen und einer vertiefenden Meditation. Bei der analytischen Methode konzentriert man sich auf die eigene Person. Achtsam sollen wir uns so selbstverständlicher Dinge wie des Atmens oder Gehens bewußt werden. Diese Meditation kann bei alltäglichen Verrichtungen geübt werden. Man soll durch die beobachtende Haltung lernen, wie man klarer denken und bewußter handeln kann.

Wenn man den Geist beruhigt hat, hofft man, eine tiefere Einsicht in die vergängliche und nicht-wesenhafte Natur des Lebens zu gewinnen. In den vertiefenden Meditationsübungen richtet man den Geist auf einen einzigen Gegenstand, um mit ihm zu verschmelzen. Das Ich, das Subjekt, soll so mit dem meditierten Objekt eins werden. Man kennt noch verschiedene andere Versenkungszustände, die durch besondere Übungen zu erreichen sind (Heinz Bechert, Christentum und Weltreligionen, S. 428).

Eine Ethik, die auch Tiere miteinschließt

Vor allem aber hat der Buddhismus eine sittliche Seite mit hohen ethischen Forderungen. Dabei kommt es auf die rechte Gesinnung an. Wegen seiner radikalen Forderungen war er anfänglich ein anspruchsvoller Heilsweg der wenigen. Erst später ist daraus auch eine Heilslehre für die Massen geworden. Der Kern der buddhistischen Ethik ist die Forderung, niemandem in Gedanken, Worten und Handlungen zu schaden. Man geht davon aus, daß alle Lebewesen, auch die niedrigsten Tierarten, glücklich sein und nicht leiden wollen. Einer der ersten Europäer, der sich wirklich bemüht hat, den Buddhismus zu verstehen, ist Arthur Schopenhauer. Ihm schien die buddhistische Ethik, weil sie auch die Tiere einbezieht, der christlichen überlegen zu sein.

Das sittliche Handeln richtet sich nach fünf Grundpflichten: a) Kein lebendes Wesen darf getötet werden. b) Man soll nichts nehmen, was nicht freiwillig gegeben wird. c) Die Sinneslust ist zu beherrschen. d) Man darf nicht die Unwahrheit sagen. e) Man soll keine berauschenden Getränke zu sich nehmen. Mönche müssen dazu noch über zweihundertdreiundfünfzig besondere Regeln einhalten. Für den Buddhismus ist das Menschendasein eine höhere Stufe auf dem Weg zur Erlöung. Das Menschenleben ist für ihn Aufgabe und Chance zugleich, der man sich durch liebende Güte, *Maitri,* und tätiges Erbarmen, *Karunā,* als würdig erweisen muß, um ein geläutertes Wesen zu werden.

Kein heiliger Krieg

Der westliche Beobachter ist immer wieder überrascht, wie tolerant der Buddhismus anderen Weltanschauungen und Religionen begegnet. Es gibt keine Ausschließlichkeit, man kann Buddhist sein und doch zugleich einer anderen Religionsgemeinschaft angehören. So werden auch einzelne religiöse Übungen nicht als Bestandteile der Religion angesehen, sondern passen sich an verschiedene Kulturen an. Verpflichtend aber bleibt für alle das allgemein-menschliche Ideal der sittlichen Vollkommenheit. Die Lehre Buddhas bietet sich jedem an, soll aber niemandem aufgedrängt werden. Jahrhundertelang durften die Mönche nur Lehrbücher verfassen, wenn man sie ausdrücklich darum gebeten hatte.

Für die christliche Kultur steht besonders das fünfte Gebot „Du sollst nicht töten" aus dem Dekalog im Vordergrund. Der Buddhismus geht noch weiter und verkündet: Du sollst andere Lebewesen nicht verletzen. *Ahimsā*, das „Nicht-Verletzen", bezieht auch die Tiere mit ein. Durch diese Geisteshaltung werden alle Buddhisten zutiefst geprägt. Im Gegensatz zu vielen anderen Religionen hat er sich daher fast ganz ohne Blutvergießen verbreitet und ist zu einer Bewegung des Friedens geworden. Eine völlig „unbefleckte Religion" ist er aber nicht geblieben. Auch hier gab es im Verlauf der langen Geschichte blutige Kriege und Gewalttaten. Zum religiösen Fanatismus ist es aber nie gekommen. Die Vorstellung eines „heiligen Krieges" ist Buddhas Anhängern fremd.

Eine Religion des gesunden Menschenverstandes

Man könnte die buddhistische Lehre auch als eine seelische Heilmethode auffassen, der Psychotherapie vergleichbar, die uns lehrt, wie wir die zerstörerischen Kräften wie Wut, Neid und Gier beherrschen können. Der Mensch erscheint als ein Bündel von verschiedenen Eigenschaften und psychologischen Prozessen. Wir sollen unsere Eigenschaften aufmerksam erforschen, unsere Erfahrungen wach wahrnehmen, um zu erkennen, was wir wirklich fühlen und denken. Dabei wird die Persönlichkeit des Menschen nicht als ein einheitliches Ganzes gesehen. Der Kern des Bewußtseins setzt sich nach dieser Lehre aus verschiedenen Elementen, den fünf Gruppen des Anhaftens, *Skhandas,* zusammen: Körper, Empfindungen, Wahrnehmungen, Triebkräfte und Bewußtsein.

Diese inneren Kräfte vermitteln die falsche Vorstellung eines Ich-Bewußtseins. Das Grundproblem seelischer Störungen liegt danach in einer falschen Identitätsvorstellung. Diese Ich-Verblendung soll also durch Selbsterforschung aufgehoben werden. Die Vorstellung von einer ewigen Seele oder einem Selbst ist für den Buddhismus ein Wahn, eine grundlegende Unwissenheit, die überwunden werden muß. Nicht Selbstverwirklichung, sondern Selbstlosigkeit ist das Ziel, betont Gonsar Rinpoche. Dabei werden keine scharfen Trennungstriche zwischen Therapie und Religion gezogen.

Man macht nicht nicht äußere Umstände für ein Fehlverhalten verantwortlich. Ähnlich wie in der Psychoanalyse geht man davon aus, daß unsere Bezichungen zur Außenwelt stark von „Projektionen" bestimmt werden.

Das Doppelgesicht von Religion und Philosophie

Immer wieder taucht auch die Frage auf, ob der Buddhismus nicht eher ein philosophisches System als eine Religion sei. In der Tat trägt er ein Doppelgesicht. Auf der einen Seite gibt es philosophische Deutungen – auch wenn jede Erkenntnis, die sich nicht direkt auf die Erlösung bezieht, als überflüssige Neugierde gilt. Auf metaphysische Fragen gibt der Buddhismus keine Antwort. Die andere Seite ist Ausdruck einer religiösen Lebensform als Träger einer Kultur und Grundlage einer radikalen Ethik.

Philosophie und Religion werden nicht als gegensätzlich aufgefaßt. Sie verschmelzen im buddhistischen Denken und Handeln zur Einheit. Immer geht der Buddhismus von konkreten Erfahrungen aus und ist in vielem eine Religion des gesunden Menschenverstandes. Von Buddha selbst gibt es zahlreiche Berichte, in denen er zum „vernünftigen Prüfen" seiner eigenen Lehre auffordert. Die Denk- und Verhaltenswege, die er aufzeigt, beruhen auf einer genauen Analyse der Welt. Der Dalai Lama vertritt die Auffassung, daß in seiner Religion das Wissen sogar wichtiger als der Glaube sei. Der größte Unterschied zum Christentum liegt wohl darin, daß Buddha keinen Akt des Glaubens verlangt.

Buddha und die griechischen Denker

So gehört Buddha Shākyamuni zu den großen Denkern der Menschheit (Hans Joachim Störig, Kleine Weltgeschichte der Philosophie, 1990, S. 52 ff, Jean Gebser, Asienfibel,1962, S. 137 ff). Sein Denken berührt sich in manchen Punkten mit der frühen griechischen Philosophie. Ganz ähnlich wie Buddha verkündet Parmenides (geb. 540 v. Chr.): „Dasselbe ist Denken und Sein." Auch die Unterscheidung des Alkmaion von Kroton (geb. 520 v. Chr.), eines griechischen Arztes, zwischen flüchtiger sinnlicher Wahrnehmung und dem Denken als Weg zur Wahrheit erinnert an ihn. Bei Buddha findet sich auch erstmals der Dialog als Lehrform, das Zwiegespräch zwischen einem Ich und einem Du. Er beginnt seine Unterweisung damit, auf die Fragen seiner Schüler zu antworten. Man kann hier eine Parallele zu Sokrates (geb. um 470 v. Chr.) finden. Er hat versucht, Menschen aus allen Schichten durch das philosophische Gespräch zum selbständigen Denken zu bringen, um sie so auf den Weg der Wahrheit und Tugend zu führen.

Der bekannte katholische Theologe Romano Guardini sieht in Buddha Shākyamuni eine Herausforderung auch für das christliche Denken: „Einen Einzigen gibt es, der den Gedanken eingeben könnte, in die Nähe Jesus zu rücken: Buddha. Dieser Mann bildet ein großes Geheimnis. Er steht in einer erschreckenden, fast übermenschlichen Freiheit; zugleich hat er dabei eine Güte, mächtig wie eine Weltkraft. Vielleicht wird Buddha der letzte sein, mit dem das Christentum sich auseinanderzusetzen hat. Buddhas tiefgründige Beobachtungen der Wirklichkeit haben die gesamte Geistesgeschichte nachhaltig beeinflußt."

Für Buddha Shākyamuni lauten die zentralen Fragen: Warum sind alle Wesen in einen Daseinskreislauf, *Samsāra,* verstrickt? Warum müssen sie unzählige Male diesen leidbringenden Kreislauf der Wiedergeburten durchwandern? Wie können sie daraus erlöst werden? Dieser Daseinskreislauf verläuft in buddhistischer Sicht nach strenger Kausalität, nach dem Gesetz von Ursache und Wirkung. 1.) Aus dem Nichtwissen entstehen 2.) karmagestaltende Triebkräfte, aus diesen 3.) ein Bewußtsein, dann 4.) Name und körperliche Form (Individuum). So entstehen 5.) die Sinne und damit 6.) die Berührung (Sinneswahrnehmungen) mit der Außenwelt. Aus 7.) der Empfindung geht 8.) der Durst (Gier) hervor und aus ihm 9.) der Hang zum Leben. Daraus ergibt sich 10.) das karmische Werden und damit 11.) eine neue Geburt und 12.) wieder Altern und Sterben.

Der bekannte Religionswissenschaftler Helmuth von Glasenapp bezeichnet die Vorstellung vom Kreislauf des Lebens als ein „altertümliches Stück Philosophie, das ganz und gar den Stempel einer archaischen Denkweise trägt". Alles, was ist, wird aneinandergereiht, man unterscheidet nicht zwischen materiellen und anderen Ursachen. Und doch erinnern Buddhas Vorstellungen auch an die moderne holistische Weltsicht.

Es ergibt sich für Buddha Shākyamuni der Schluß, daß weder der Mensch noch die Welt festen Bestand haben. Das ganze Leben besteht aus zusammengesetzten Erscheinungen, die alle miteinander verflochten sind. Unvergängliche materielle Atome kennt er nicht. Die letzten Daseinsfaktoren, aus denen alles Seiende zusammengesetzt ist, heißen *Dharma.* Wie man sich ein solches *Dharma* vorzustellen hat, darüber gehen die Meinungen der Schulen auseinander. Mit Ausnahme von Lebewesen und konkreten Dingen der Außenwelt wird in allen Texten fast alles als *Dharma* bezeichnet.

Nur der Augenblick ist „wirklich"

Die *Dharma* entstehen nur für eine kurze Zeit, um wieder zu vergehen. In ihnen manifestiert sich das kosmische Weltgesetz, das man ebenfalls *Dharma* nennt. Die ganze Welt unterliegt dieser Ordnung, dem Gesetz von Ursache und Wirkung. Das Gesetz des *Dharmas* steuert auch die karmischen Wiedergeburten. Es umfaßt einfach alles. Wie es zum *Karma*-Gesetz gekommen ist, darüber schweigt sich Buddha aus. Von metaphysischen Spekulationen jenseits des Wissens hält er nichts. Er glaubt auch nicht an einen Schöpfergott, der alles geschaffen hat. Seit anfangslosen Zeiten besteht das Universum. Es ist ein Kontinuum der Vergänglichkeit. Alles Sein fließt, wandelt sich ständig, entsteht und vergeht. Das Leben ist vergänglich und unbeständig und „nicht-wesenhaft" – es ist *Anãtman.*

Diese Sicht der Dinge beeinflußt auch die Zeitvorstellung. Nur der Augenblick ist wirklich. Die Zeit strömt nicht von Vergangenem über Gegenwärtiges zu Zukünftigem, wie wir meinen, sondern wie auf dem Sekundenzeiger einer Uhr lösen sich blitzschnell Einzelmomente ab. So wie uns der Film durch die ununterbrochene Reihefolge der Bilder einen Zusammenhang vorspiegelt. Besonders bei den Übungen in der Zen-Meditation konzentriert man sich ganz auf die „Gegenwärtigkeit des Daseins". Die philosophische Essenz des Buddhismus lautet: Alles Leben verdankt sich dem „abhängigen Entstehen".

In diesem Weltbild ist weder Platz für die Seele noch für das Ich. Das Bewußtsein setzt sich, wie bereits gesagt, aus einer Summe geistiger Faktoren zusammen. Sie verkörpern sich in einer physischen Hülle und fügen sich zu einem neuen Individuum zusammen. Sie entstehen nach dem Gesetz des Karmas und überdauern den leiblichen Tod. Die Vorstellung des Karmas ist ein Kernpunkt der buddhistischen Lehre. Die karmische Kraft wird mit dem winzigen Pipal-Samen verglichen, dem ein riesiger Baum entwächst. Jede Tat erzeugt eine „Frucht", *Phala*, die auf den Verantwortlichen zurückfällt. Dieses Bild erinnert an unsere Vorstellung vom „Fluch der bösen Tat". Auch in den Sprichwörtern: „Unrecht Gut gedeiht nicht" oder „Jeder ist seines Glückes Schmied" klingen ähnliche Vorstellungen an.

Die Wirkung des Karmas kann sich über mehrere Existenzen erstrecken. Dabei ist die Absicht einer Tat, auch der unscheinbarsten, entscheidend. Der menschliche Geist erschafft sich selbst sein Karma. Heilsame Handlungen erzeugen Freude und Glück, unheilsame bewirken Kummer und Leid. So entsteht durch gute und böse Taten unser eigenes Erbe und wird zur Grundlage für das kommende neue Leben.

Bei der Reinkarnation sind ein Verstorbener und ein Neugeborenes, in dem die karmischen Kräfte weiterwirken, eigentlich zwei verschiedene Wesen. Sie werden erst durch den „Durst zu leben" verbunden, der im Tod, statt sich von allem zu lösen, nach einem neuen Mutterschoß sucht. Es ist diese Kraft, die Umstände und Bedingungen des neuen Lebens auswählt und die Form der Wiederverkörperung bewirkt. Diese karmischen Kräfte bestimmen, ob sich die nächste Existenz an den Annehmlichkeiten eines menschlichen oder göttlichen Daseins erfreuen kann oder sich in den unteren Welten wiederverkörpern wird.

Von der doppelten Wahrheit

Direkt an Gautama Buddhas Lehre knüpft die Philosophie des „Mittleren Wegs" der Schule des Mādhyamika an. Sie hat große Bedeutung für den *Mahāyāna-Buddhismus* und geht auf den indischen Philosophen *Nāgārjuna* im 2.–3. Jahrhundert zurück. Auf dem „Mittleren Weg" muß man sich von jeder Abweichung, nach rechts oder links, von allen scheinbar unvereinbaren Gegensätzen fernhalten. *Nāgārjuna* will mit seiner „Logik der Verneinung" auf dem „Achtfachen Pfad der Verneinung" schrittweise die Unwissenheit durchdringen. Dialektisch versucht er, gegnerische Meinungen dialektisch zu widerlegen.

Für *Nāgārjuna* bestehen alle Dinge nur durch ihr Gegenteil. Daher sind sie bedingt, leer und nicht wesenhaft. In seiner „Lehre von den doppelten Wahrheiten" unterscheidet *Nāgārjuna* zwischen einer „niederen" und einer „höheren" Wahrheit. Eine Behauptung kann von einem früheren und beschränkten Sichtwinkel aus zunächst als wahr erscheinen, von einem späteren und höheren jedoch zur Teilwahrheit oder gar falsch werden. A = gemeine Wahrheit; B = höhere Wahrheit; daraus wird von einem höheren Blickpunkt AB = niedere Wahrheit; C = höhere Wahrheit. Das Gegensatzpaar AB kann von einem höheren Blickpunkt wieder zur niederen Wahrheit werden. In dieser Weise steigt man höher, zu einer immer umfassenderen Sicht der Wahrheit auf. So konnte man das Weltbild der modernen Physik gegenüber den Newtonschen Vorstellungen als eine umfassendere Weltsicht und im buddhistischen Sinn „höhere Wahrheit" auffassen.

Eine Behauptung kann kurzfristig gesehen als wahr, langfristig aber als unwahr erscheinen. Die Wahrheit im höchsten Sinn ist frei von der Vielheit, alle Gegensätze sind aufgehoben. Sie steht jenseits von „ja" oder „nein", jenseits jeder faßbaren Aussage und ist mit der völligen Leere identisch. Diese Leere, *Shunyatā,* hat zwei Seiten. Einerseits bedeutet sie das Leersein von einem „Selbst", andererseits die Erlöstheit. Hat man die Leere verwirklicht, ist man von allem befreit.

Erst wenn der Geist über allen Dingen steht, hat er sich von jeder „Zustimmung oder Verneinung" gereinigt. Der „Mittlere Weg" ist gewissermaßen ein Kunstgriff. Denn obwohl nichts besteht, lebt man mit höchstem Einsatz. Man nimmt nach außen hin die Welt mit ihren Leiden an, als ob sie wirklich bestünde, obwohl man ihre Leere erfahren hat. Daher verpflichtet man sich den Regeln der Sittlichkeit, will sich und andere aus Mitgefühl auf dem Weg der Erlösung weiterbringen. Der Dalai Lama drückt das so aus: „Im Grunde bestehen die Dinge gar nicht, aber weil wir nun einmal in dieses Dasein gekommen sind, sollen wir das Beste daraus machen."

Ein Prinz zieht in die Hauslosigkeit

Wie das Christentum und der Islam hat auch der Buddhismus, wie bereits erwähnt, einen historischen Gründer, den Gautama Siddhãrtha Buddha. Der Vater des geschichtlichen Buddhas war *Suddhodana* und die Mutter war *Mãyã,* beide stammten aus der Kriegersippe der *Sãkya.* Gautama wurde 566 oder 563 v. Chr. geboren und erhielt den Eigennamen Siddhãrtha (Der sein Ziel erreicht hat). Seine Mutter *Mãyã* starb wenige Wochen nach der Geburt, und Gautama wurde von ihrer Schwester *Mahãprajãpati* aufgezogen. Da *Suddhodana* der gewählte Regent der Republik *Sãkya* war, entstand die Legende, Gautama habe das schwelgerische Leben eines königlichen Prinzen geführt. Doch Buddhologen meinen, daß bereits der junge Buddha lernfreudig und verantwortungsbewußt gewesen sei (Volker Zotz). Die Vergänglichkeit aller Dinge werde für ihn immer mehr zum alles beherrschenden Eindruck.

Diese innere Entwicklung hat die Legende zu einer Reihe von äußeren Erlebnissen verwoben: Bei vier aufeinanderfolgenden Ausfahrten begegnet *Siddhãrtha* einer Gottheit in verschiedenen Gestalten: als hinfälliger, zitternder Greis, als fiebergeschüttelter Kranker und als verwesender Leichnam, schließlich als Asket, als hausloser Wanderer. Seine gelassenen Gesichtszüge zeigen, daß er sich über alles Elend der Vergänglichkeit erhoben hat. Mit sechzehn Jahren heiratet Gautama *Yashodharã*. Nach der Geburt seines Sohnes *Rãhula* verläßt er seine Familie und zieht mit 29 Jahren selbst in die „Hauslosigkeit". Zunächst schließt er sich verschiedenen asketischen Lehrern an. Dann sucht er in größter Einsamkeit durch extremes Fasten und durch gefährliche Atemübungen die Befreiung aus dem leidvollen Dasein, *Samsãra,* zu erreichen.

Nach sechsjährigem vergeblichem Suchen kommt er zur Einsicht, daß er auf diesem Weg sein Ziel nicht erreichen wird. Er beendet dieses entsagungsreiche Leben und wendet sich der Meditation zu. Gautama erholt sich am Ufer des *Nairanjanã.* Dort setzt er sich in der Umgebung des heutigen Dorfes *Bodh-Gayã,* im indischen Bihar, unter einen Feigenbaum, den *Bodhi-Baum.* Nach wochenlanger Versenkung erreicht und verwirklicht er mit 35 Jahren die „Vollkommene Erleuchtung", das „ Erwachen", *Bodhi.* Weil er die Bedingungen der Welt durchdenkt, hat er sich selbst befreit. Er entdeckt den „Mittleren Weg", die Vermeidung von Extremen zwischen Ausschweifung und Askese.

Nach buddhistischer Überlieferung erinnert er sich dabei an seine früheren Daseinsformen, erkennt die Wiederverkörperung der anderen Wesen und erlangt das Wissen der „Vier Edlen Wahrheiten", wie die drei Grundübel Sinneslust, Werdelust, Nichtwissen beendet werden können. „In dem Erlösten ist die Erlösung. Aufgehoben ist die Wiedergeburt, vollendet der heilige Wandel, getan ist, was zu tun war, nach diesem Leben gibt es kein anderes" (H. v. Glasenapp, Die fünf Weltreligionen, 1993, S. 81). So verläßt er den Kreis der Wiedergeburten und gelangt bereits in diesem Leben ins *Nirvãna.* Weil er zweifelt, ob die anderen in der Lage sein werden, die Erfahrung der Erleuchtung zu begreifen, zieht er es zunächst vor zu schweigen.

Erst die dringlichen Bitten seiner Anhänger bringen Siddhārtha Gautama dazu, bis zu seinem Tod als Lehrer und Helfer von Ort zu Ort zu ziehen. Die Schar seiner Anhänger, Mönche, Nonnen und Laien, die er von seinem Weg der Erlösung überzeugt, wächst ständig. Ein Wort von ihm ist überliefert: „Wie das große Meer nur von einem Geschmack durchdrungen ist, vom Geschmack des Salzes, also ist auch diese Lehre und diese Ordnung nur von einem Geschmack durchdrungen, vom Geschmack der Erlösung" (Alfred Bertholet, Lexikon der Religionen, 1977, S. 99). Nach der Legende geht der „Erleuchtete" mit 80 Jahren nach einer Lebensmittelvergiftung in den Armen seines Lieblingsschülers Ananda in das *Parinirvāna*, in das völlige Erlöschen, ein.

In seiner Predigt von Sārnāth bei Benares 528 v. Chr. setzt Buddha das „Rad der Lehre" in Bewegung. Ein Rad mit acht Speichen symbolisiert die Lehre Buddhas. Um bei diesem Bild zu bleiben: Die Lehre Buddhas wird in diesem Weltzeitalter so lange wirken, wie sich das Rad dreht. Kommt es allmählich zum Stillstand, soll ein neuer Buddha, der zukünftige Buddha Maitreya, erscheinen. Buddha Shākyamuni verkündet zuerst fünf Wanderasketen die Grundlage seiner Lehre von den „Vier Edlen Wahrheiten".

Er geht dabei nach einer Heilmethode vor, die dem *Sāmkya,* der altindischen Form des Aneinanderreihens, entstammt:

a) der Diagnostik des Übels: Alles Leben ist Leiden;

b) der Ergründung der Ursache: Alles Leiden hat seine Ursache in der Begierde, im „Durst";

c) der Beseitigung der Ursache: Die Aufhebung dieser Begierde führt zur Aufhebung des Leidens, zur Unterbrechung der Kette der Wiedergeburten;

d) der zu diesem Zweck anzuwendenden Mittel: Der Weg der Befreiung ist der heilige achtteilige Pfad, der da heißt: rechtes Glauben, rechtes Denken, rechtes Reden, rechtes Handeln, rechtes Leben, rechtes Streben, rechtes Gedenken, rechtes Sich-Versenken (Hans Störig, Kleine Weltgeschichte der Philosophie, S. 53).

Der Buddhismus wird zur Weltreligion

Buddha richtet sich mit seiner Botschaft an alle Menschen ohne Ausnahme. Das ist gewissermaßen ein allgemein menschlicher Zug in dieser wegen ihrer strengen asketischen Übungen oft als „aristokratisch" bezeichneten Religion. Viele seiner ersten Anhänger stammen aus der Oberschicht. Es ist vor allem dem indischen Kaiser Ashoka (246 v. Chr.) mit seiner „Regierung des Dharma" zu verdanken, daß sich die buddhistische Lehre von Indien aus ausbreitet und zur Weltreligion wird.

Nach dem Tode Gautama Buddhas sammelt man die mündlichen Überlieferungen. In mehreren Konzilien werden die Heiligen Schriften zu einem Kanon zusammengefaßt. Dabei entstehen tiefgreifende Meinungsverschiedenheiten über die Echtheit der zahlreichen Schriftsammlungen, die zu Spaltungen in zahlreiche Richtungen und Sekten führen.

Im 1. Jahrhundert v. Chr. entsteht das „Große Fahrzeug" *Mahāyāna.* Es wird der älteren Schulrichtung, dem „Kleinen Fahrzeug", *Hināyāna,* gegenübergestellt. Der Begriff „Fahrzeug", *Yāna,* ist ein Sprachbild. Dabei wird die Lehre als ein Fahrzeug verstanden, mit dem man ans „sichere Ufer", das *Nirvāna,* fahren kann. Aus der Sicht des *Mahāyāna* erscheint das Fahrzeug der älteren Schule als klein, weil es nur einem einzigen Heilsuchenden, dem *Arhat,* Platz bietet. Die Erlösung beruht hier ausschließlich auf dem eigenen Streben. Im „Großen Fahrzeug" ist Platz für alle. Alle Wesen sollen zum Heil gelangen. Das Ideal des *Arhat* wird durch die Vorstellung der Bodhisattvas abgelöst. Das „Diamant-Fahrzeug", das *Vajrāyana,* entsteht in der Mitte des ersten Jahrtausends aus der Begegnung mit dem hinduistischen Tantrismus und gelangte mit dem *Mahāyāna* nach Tibet.

Ein Paradigmenwechsel

Mit dem *Mahāyāna* vollzieht sich im Buddhismus ein „Paradigmenwechsel" von der Eliten- zur Massenreligion (Hans Küng, Christentum und Weltreligionen, 1984, S. 488). Weil die Menschen ohne Gebet, Ritual oder Glauben an Wunder nicht lange auskommen, ist vieles, „was durch die Vordertür hinausgeworfen wurde, dann durch die Hintertür auch in den Buddhismus wieder eingetreten" (Heinz Bechert, Christentum und Weltreligionen, S. 419). Der Buddhismus hat erfahren müssen, daß seine Heilslehre, die bewußt auf jeden Kult verzichtet, dem Verlangen der Masse nicht genügt. So hat sich das schlichte Asketenkleid in ein farbenprächtiges und prunkvolles Gewand verwandelt. Zahlreiche Bräuche verschiedener Kulturen haben Einlaß gefunden. Die buddhistische Lehre, das Dharma, aber ist in ihrem Kern unverändert geblieben. Gonsar Rinpoche aber findet, solche westlichen Vorstellungen würden dem Buddhismus nicht gerecht.

Nun tritt also eine tiefgreifende Wandlung ein. Jetzt beginnt der Buddhismus zu einer Kirche zu werden. Es wird weniger Wert auf das mönchische Leben gelegt, auch Laien können das *Nirvāna* verwirklichen. Buddha wird wie ein Gott verehrt, der Himmel mit zahlreichen anderen Buddhas bevölkert, obwohl Gautama Buddha ausdrücklich die Vorstellung eines Gottes, von dem man Hilfe erfahren kann, zurückgewiesen hatte. Wie manche westlichen Beobachter zu Recht oder Unrecht meinen.

Die vielen transzendenten Buddhas sollen verschiedene Aspekte Buddhas verkörpern. In erster Linie manifestiert sich das Buddha-Prinzip in den „Drei Körpern", *Trikāyqya.*

Es taucht auch die Vorstellung der „Reinen Länder" auf. Für die buddhistische Lehre sind sie „Aspekte des erleuchteten Bewußtseins". Der Volksglaube sieht in ihnen Paradiese. Der Gläubige hofft, dort wiedergeboren zu werden. Dabei ist die Hilfe der Buddhas entscheidend. Auch die Gottheiten, die Schutz vor den drohenden Dämonen gewähren, sind im Grunde nichts anderes als die bloße Ausstrahlung des eigenen Bewußtseins. In der Volksfrömmigkeit jedoch betet man zu ihnen um Hilfe, ähnlich wie man in der katholischen Kirche die Heiligen anruft.

Die Lehre Buddhas kommt nach Tibet

Die ersten Berührungen des Buddhismus mit Tibet haben im 7. Jahrhundert stattgefunden. Es entsteht eine Vermischung mit der vorbuddhistischen Bön-Religion, einer Naturreligion mit schamanistischen Elementen wie dem Wettermachen, Beschwörungen und Exorzismen, und der Lehre Buddhas. Die Tradition schreibt die Einführung des Buddhismus *König Trisong Detsen* (755–797) und seinen beiden Frauen, einer chinesischen und einer nepalesischen Prinzessin, zu. Die beiden Prinzessinnen werden auch durch die Grüne und die Weiße Tārā, eine populäre Gottheit, verkörpert. Der Buddhismus wird zur offiziellen Religion erklärt und verdrängt die alte Bön-Religion. Von der Bön-Religion hat Tibet wahrscheinlich auch seinen Namen; die Tibeter nennen ihr Land nach ihr „Böd" und sich selbst „Bödpa" (Klemens Ludwig, Tibet, S. 28).

Nach historischen Quellen gilt der indische Tantriker *Padmasambhava* als Gründer des Tibetischen Buddhismus. Statt die alten Gottheiten zu bekämpfen, fügt er sie in das buddhistische Weltbild ein. Nach der Legende soll er die dem buddhistischen Dharma widerstrebenden dämonischen Kräfte gebannt und zu Schutzmächten des Buddhismus verwandelt haben. Er gründet gegen 755 das erste Kloster in *Samye.*

Im „Mittelalter" geht es mit dem Buddhismus auf und ab. Im 9. Jahrhundert wird er aus politischen Gründen verfolgt. Im 11. Jahrhundert kommt es zu einer Wiederbelebung. Es entwickelten sich vier Hauptschulen des Tibetischen Buddhismus. Die älteste ist die Schule der *Nyingmapa,* die sich von *Padmasambhava* ableitet. Als Anhänger des *Mahāyāna* versucht der Inder *Atisha* die buddhistische Ordenszucht durchzusetzen. Aus dieser Reform entsteht die Schule des *Kadampa.* Weitere Schulen sind die *Ka-*

gyupa und *Sakyapa.* Die Äbte der *Sakyapa* stellen die zentrale Leitungsgewalt.

Der große Fünfte

Nach einer erneuten Phase des Niedergangs findet im 14. Jahrhundert die Reform von Meister *Tsongkhapa* statt. Nun entstehen die großen Klöster von *Gaden, Drepung* und *Sera,* etwas später *Tashilumpo.* Der Tibetische Buddhismus verbreitet sich in den Nachbarregionen bis in die Mongolei und nach Sibirien. *Tsongkhapa* ist auch der Gründer der *Gelugpa-Schule,* der „gelben Kirche".

Im 16. Jahrhundert verhilft *Sonam Gyatso,* der spätere III. Dalai Lama, den *Gelugpas* zu einem großen Aufschwung. Er bekehrt den mongolischen Herrscher Altan Khan zum Buddhismus und erhält von ihm 1578 den Titel eines „Dalai Lama", was „Lehrer, dessen Weisheit so groß ist wie der Ozean" bedeutet. Um seine Stellung zu festigen, wird seinen beiden Vorgängern der Titel posthum verliehen. Mit dem „Großen Fünften" beginnt die Herrschaft der *Gelugpas* über ganz Tibet. Der „Fünfte" setzt den Panchen Lama als zweite geistliche Macht ein und läßt als Residenz in Lhasa den Potala-Palast erbauen.

Im späten 17. Jahrhundert hat sich der Buddhismus in seiner tibetischen Form im Schneeland tief verwurzelt. Der Tibetische Buddhismus verbreitet sich auch in der Mongolei aus, wo er bis heute überlebt hat. Er dringt in die angrenzende chinesische Provinz Yünnan ein und erreicht über Nepal und Bhutan die indischen Himaljaregionen von Ladakh, Lahual, Spiti, Sikkim und Arunachal Pradesh.

Der Sangha prägt die Gesellschaft

Im Verlauf der Zeit nimmt der Einfluß der Klöster mit ihren Tempeln, monastischen Städten und Universitäten in Tibet ständig zu. Das ganze gesellschaftliche Gefüge wird durch das Modell des buddhistischen „*Sanghas*" geprägt. Fast alle landwirtschaftlichen Ländereien gehören dem Adel oder den Klöstern. Auch die politische Macht liegt in den Händen dieser beiden Stände. Alle wichtigen Ämter werden doppelt besetzt – sowohl von einem Adligen als auch von einem Mönch.

„Ich stand nun an der Spitze eines zwar einzigartigen, aber hoffnungslos veralteten Regierungssystems, das nach so vielen Jahren der Regentschaft leider auch noch von Korruption durchsetzt war. Es war zum Beispiel nichts Ungewöhnliches, daß Spitzenpositionen käuflich erworben wurden," schreibt der Dalai Lama in seiner Biographie.

Noch Anfang dieses Jahrhunderts gibt es knapp 500.000 Mönche und Nonnen in Tibet bei einer Bevölkerung von ungefähr 5 Millionen. Es entstehen komplizierte hierarchische Systeme, um das monastische Leben zu regeln und die vielen Zeremonien und Gebetsversammlungen zu gestalten. Die Klöster werden in verschiedene Abteilungen und Unterabteilungen aufgeteilt. Manche Richtungen legen mehr Gewicht auf die Studien, andere auf die spirituelle Entwicklung und die Meditation der Mönche.

Alle Klöster werden durch freiwillige Gaben von Geld, Getreide und Butter von den Laien unterstützt. Sie kümmern sich dafür um das religiöse Leben der Tibeter. Im *Mahāyāna* gilt das buddhistische *Dana-System,* das freiwillige Verschenken von materiellen Dingen oder geistigem Gut, als eine wichtige Tugend für den Weg der Erleuchtung. Wer etwas schenkt, bedankt sich beim Beschenkten, weil er einem dazu verhilft eine gute Tat zu vollbringen.

Kein Lamaismus

Wegen der besonderen Rolle der Lamas wird der Tibetische Buddhismus auch heute noch in Lexika als Lamaismus bezeichnet. Der Dalai Lama weist immer wieder darauf hin, daß dieser Begriff irreführend sei. Der Tibetische Buddhismus gehöre zum Mahāyāna und halte sich an die alten verbindlichen Texte. Das tibetische Wort „Lama" hat die gleiche Bedeutung wie das im Westen geläufigere Sanskritwort „Guru". Gemeint ist ein geistiger Führer, der den „Weg der Befreiung" weist. Den Lamas wird besondere Verehrung entgegengebracht, weil sie die buddhistische Lehre verkörpern. Die traditionelle Ausbildung umfaßt ein jahrelanges Studium. Erst wenn man über genügend Erfahrung verfügt, manche Schulen meinen, nach mindestens drei Jahren, wird man zum Lama und darf sein Wissen weitergeben. Besondere Meister bekommen den Ehrentitel Rinpoche verliehen.

Besonders das „Tibetische Totenbuch" aus dem 14. Jahrhundert ist seit einigen Jahrzehnten auch im Westen sehr bekannt geworden. Das Buch heißt auf tibetisch „Bardo Thödröl" (Befreiung durch Hören im Zwischenzustand). Man soll es schon zu Lebzeiten genau studieren, um sich mit den verschiedenen Aufgaben der Buddhas, Gottheiten und Dämonen vertraut zu machen, die einem, nachdem man gestorben ist, begegnen werden. Wenn der Tod eingetreten ist, erklären Mönche dem Geist des Verstorbenen nach einem bestimmten Ritual, was ihm widerfährt, wenn er während 49 Tagen im Bardo, im Zwischenzustand, umherirrt. Er wird davor gewarnt, sich durch die verschiedenen Lichtstrahlungen und Erscheinungen zu einer Wiedergeburt verlocken zu lassen. Erst wenn der Verstorbene genügend gutes Karma angesammelt hat, ist er in der Lage, vom Zwischenzustand ins Nirvāna einzugehen.

Tibetische Buddhisten glauben, daß große Lamas nach ihrem Tod wieder zurückkehren. Sie haben sich durch ihre *Bodhisattva-Gelübde* verpflichtet, nicht im *Nirvāna* zu verweilen, sondern weiterhin für das Wohl aller Wesen zu wirken. Es gibt ein genaues Verfahren, wie man diese erleuchteten Wesen erkennen kann: Man prüft ihre Worte, ihr ethisches Verhalten, sucht nach Geburtsomen und befragt Orakel. Manche Lamas sollen sich noch an Einzelheiten ihres früheren Lebens erinnern können. Ob die Reinkarnation echt ist, befindet ein hochstehender Lama. Vor 1959 scheint es vor allem in Tibet etwa zehntausend reinkarnierte Lamas gegeben zu haben, seit dem Exil sollen es weltweit etwa vierhundert sein (Tibetan Buddhism – Past and Present). Nach Gonsar Rinpoche gibt es heute in indischen buddhistischen Klöstern viele kleine Rinpoches. Er erklärt sich das dadurch, daß viele hohe Lamas in den sechziger Jahren unter der chinesischen Herrschaft ihr Leben verloren hätten und nun gemeinsam wiedergekommen seien.

Als bekanntes Beispiel aus der Gegenwart erwähnen die Buddhisten die Reinkarnation von *Geshe Rapten*, dem 1986 verstorbenen spirituellen Berater des Dalai Lamas. Der heute sechsjährige *Tenzin Rabgyä* ist vom Abt des Klosters am Genfer See, *Gonsar Rinpoche* in Dharamsala aufgefunden worden. In der Abgeschiedenheit am schweizerischen Mont Pèlerin (Berg der Pilger) wächst er im einzigen tibetischen Kloster Europas auf, in dem tibetische und europäische Mönche gemeinsam buddhistische Philosophie studieren und Tibetisch lernen können. Besucher, die an den eindrucksvollen religiösen Festen, die hier gefeiert werden, teilnehmen, meinen sich nach Tibet versetzt.

Manche Lamas werden *Tulku* (Körper der Verwandlung) genannt. Die verschiedenen *Tulku-Linien* waren besonders früher ein wichtiges Mittel, um die spirituelle und politische Nachfolge in den Klosterinstitutionen zu gewährleisten. Auch die *Tulkus* werden vor ihrer Anerkennung einer Reihe von Prüfungen unterzogen.

Makellos wie ein Diamant

Eine Besonderheit des Tibetischen Buddhismus ist die Verschmelzung der alten indischen Mönchsregeln mit den verschiedenen Kulten des „Diamant-Fahrzeuges", des *Vajrāyana.* Dieses Fahrzeug knüpft an das „Große-Fahrzeug" an und hat sich mit Elementen des indischen Tantrismus verbunden. Der Geist der Buddhaschüler soll makellos wie ein Diamant werden. *Tantras* sind esoterische Texte aus der Astrologie, der Medizin und der Religion. Sie sollen sogar auf den historischen Buddha Shākyamuni zurückgehen. Zur Einführung der Tantras braucht es natürlich eines Meisters. Erst wenn der Lama jemand für reif erachtet, macht er ihn durch einen besonderen Ritus *(Abhisheka)* zum Schüler.

Die Texte sollen intuitiv, aus dem Erlebnis heraus verstanden werden. Sie beschreiben zum Beispiel verschiedene Stufen des spirituellen Aufstiegs. Die tantrische Richtung meint, man könnte die Wahrheit nicht mit dem Verstand allein begreifen. Daher beziehen sich die tantrischen Praktiken auch auf Geist, Sprache und Körper. Im Hinduismus will man sich auf diesem Weg mit der kosmischen Energie vereinen, im Buddhismus zur Weisheit Buddhas gelangen.

Mantras sind heilige Silben

Es finden sich im Tibetischen Buddhismus auch prunkvolle Kulte und ein allgegenwärtiger Dämonen- und Zauberglaube. Man umschreitet Heiligtümer, setzt Gebetsmühlen in Bewegung, der Priester hält ein Gebetszepter, *Vadjra,* in Händen. Aus dem hinduistischen Tantra stammt der Gebrauch heiliger Formeln, der sogenannten *Mantras,* der bildlichen Meditationshilfen *Mandalas* und eine der Magie verwandte Ritualistik, *Mudra* genannt. Mit diesen Hilfsmitteln hofft man den Weg ins *Nirvāna* zu verkürzen. Die alten magischen Praktiken erscheinen uns fast wie eine psychologische Methode zur Bewußtseinswandlung.

Weil die *Mantras* im Volk großen Anklang finden, nennt man den Buddhismus Tibets auch *Mantrayāna.* Mantras sind kraftgeladene „Heilige Silben", die bestimmte kosmische Kräfte und Aspekte Buddhas ausdrücken und den Geist schützen.

Bei der Meditation stellt man sich verschiedene Erscheinungsweisen des Buddhas vor und sagt dazu ständig *Mantras* auf. Das bekannteste tibetische Mantra sind die sechs Silben des *Om Mani Peme (Padme) Hum.* In ihnen drücken sich für die tibetischen Buddhisten die grundlegende Haltung des Erbarmens und der Wunsch nach Erlösung aus. Das erinnert an das „Herzensgebet" in der Ostkirche (Aufrichtige Erzählungen eines russischen Pilgers), bei dem man durch das unablässige „Gott-Gedenken" im Herzen eins mit Gott werden will.

Von hungrigen Geistern und fliegenden Palästen

In der buddhistischen Kosmologie steht der „mythologische Weltenberg Meru" im Zentrum des Universums. Er ist von Meeren und Kontinenten umgeben. Unter ihm liegen die „kalten und heißen" Höllen und der Bereich der „hungrigen Geister", oben wohnen die verschiedenen Götter in ihren „fliegenden Palästen".

Die „hungrigen Geister", *Pretas,* haben riesige Bäuche und nur nadelöhrgroße Münder. Daher müssen sie schmerzvolle Hungerqualen erleiden. Man kann ein hungriger Geist werden, wenn man während seines Lebens geizig, neidisch oder eifersüchtig gewesen ist.

Endlose Weltentstehungen und Weltuntergänge folgen aufeinander. Es gibt weder einen dauernden Verfall noch einen unendlichen Fortschritt, sondern Auf- und Niedergang lösen einander ab. In den verschiedenen Weltzeitaltern sinkt das Lebensalter von 80000 auf 10 Jahre und wächst dann wieder langsam auf 80000 Jahre an. Man fragt sich, wie Buddha Shākyamuni ohne moderne astronomische Einsichten zur Vorstellung von so unendlich großen Dimensionen gelangen konnte. Wo man geboren wird, in welcher kulturelle Umgebung, in welchem Weltsystem, das hängt ganz vom jeweiligen Karma ab.

Das Rad des Lebens

Häufig findet sich die mythologische Vorstellung der Seelenwanderung als „Lebensrad" auf tibetischen *Thankas*, abgebildet. Es handelt sich hier um ein Bild, auf dem das geschlossene System der buddhistischen Psychologie dargestellt wird, meint Walt Anderson (Das offene Geheimnis, 1979, S. 186). Meist hält der bedrohliche Dämon *Yama*, der Richter der Toten, einen Kreis mit sechs keilförmigen Abteilungen in seinen Klauen. Jeder Bereich entspricht einer Ebene des Daseinskreislaufs. Es gibt den Bereich der Götter, der Gegengötter (Titanen), der Menschen, der Tiere, der Hungergeister und der Höllenwesen. Die Götter, *Suras* oder *Devas*, leben in einem herrlichen Palast, in ihrem Bereich befindet sich die Krone des „Alle Wünsche erfüllenden Baumes". Buddha erscheint mit einer Laute, die an die Vergänglichkeit erinnert.

Es folgt die Welt der *Asuras*, der Gegengötter. Ihr Leben ist ständiger Kampf, ihre Haupteigenschaft Neid. Sie wollen die Früchte des wunscherfüllenden Baumes an sich reißen. Buddha erscheint mit einem Schwert, Symbol der Weisheit. Er ermahnt, nach innerem Frieden statt nach Macht und Geld zu streben. Die Welt der Menschen mit Alter, Krankheit und Tod schließt sich an den himmlischen Bereich an. Buddha erscheint mit Almosenschale und Wanderstock, ein Hinweis auf die Vergänglichkeit.

In den drei niedrigen Bereichen leben die Tiere, Hungergeister und Höllenwesen. Die Tiere wissen nichts von der Freiheit des Menschen. Buddha erscheint mit einem Buch und weist auf die befreiende Kraft des Denkens hin. Die Hungergeister sollen lernen, sich anderen gegenüber großzügig zu erweisen. Buddha trägt ein Gefäß mit *Amrita*, dem Göttertrank. Diese Höllenwesen müssen schreckliche Qualen erleiden, die an Dantes Inferno erinnern. Die kalten und heißen Höllen versinnbildlichen die verschiedenen Formen des Hasses. Hier erscheint der Buddha mit einer reinigenden Flamme, dem Sinnbild der Läuterung, daß auch die zerstörerischen Seelenkräfte in segensreiche innere Gaben verwandelt werden können.

Das „Lebensrad“ ist nur ein Beispiel der Vielfalt und Eigenart des Tibetischen Buddhismus. Um einen Eindruck von der Fülle der Heiligen Schriften Tibets zu gewinnen, seien einige Zahlen erwähnt. Der Tibetische Kanon umfaßt über 300 Bände, er enthält alle nach einem Sanskritoriginal ins Tibetische übersetzten buddhistischen Werke. Im „*Kangyur*“ sind alle Unterweisungen des Buddhas Shākyamuni gesammelt. Er besteht aus 92 Bänden mit 1055 Texten. Die verschiedenen Kommentare, die aus 3626 Texten bestehen, sind in 224 Bänden, im „*Tengyur*“, zusammengefaßt.

Die strahlende Sonne der Freiheit

Auch in Tibet bestand die Gefahr einer Zersplitterung des Buddhismus in feindliche Sekten. Aber zum Glück für diese Religion haben sich die Auseinandersetzungen im Widerstreit der Lehrmeinungen erschöpft, ohne bleibende konfessionelle Spaltungen zu bewirken. Viele Lamas werden von mehreren Schulen unterwiesen. Es gibt hier keine konfessionellen Berührungsängste wie im Christentum. Meist geht es nur um die Frage, wie man die philosophischen Vorstellungen mit der Praxis vereinen kann. Im 19. Jahrhundert entsteht die *Rimebewegung*. Hier geht es darum, sektiererische Tendenzen zu beseitigen, aber doch jeder Schule ihre Eigenständigkeit zu belassen.

Auch nach über dreißig Jahren chinesischer Herrschaft, nach der Zerstörung von über 6000 Klöstern – manche hatten die Größe einer Stadt – ist Tibet immer noch eines der religiösesten Länder der Welt. Der Dalai Lama genießt weiterhin als Verkörperung dieser Religiosität höchste Verehrung. Auch die heute allerdings verbotene tibetische Nationalflagge, vom XIII. Dalai Lama

(1876–1933) entworfen, zeigt, wie sehr die facettenreiche tibetische Form der Lehre Buddhas in das Leben dieses Volkes aufgenommen worden ist.

Die weißen Berge auf der Fahne verkörpern das „Schneeland" Tibet, die zwölf roten und blauen Strahlen die sechs mythologischen Urstämme, aus denen die zwölf Stämme Tibets hervorgegangen sind. Rot und Blau ist die Farbe der tibetischen Schutzgötter. Die strahlende Sonne in der Mitte stellt die Hoffnung auf Freiheit, Glück und Wohlstand dar. Die beiden mythischen Löwen im Vordergrund verkörpern die geistliche und die weltliche Macht. Sie halten in ihren Pranken drei flammende Juwelen, die „Drei buddhistischen Juwelen" *(Triratna)*, die Zuflucht zum *Buddha*, zum *Dharma*, seiner Lehre, und zum *Sangha*, der Mönchsgemeinschaft. Das untere Juwel ermahnt die Tibeter, die ethischen Forderungen hochzuhalten, und der goldene Rand weist auf die Dauer der buddhistischen Lehre hin.

Tage der Angst, Nächte der Trauer

Vom XIII. Dalai Lama stammen auch die folgenden Worte, die er 1932 geschrieben hat und die sich wie eine Prophezeiung auf das kommende Schicksal seines Volkes lesen:

„Es ist möglich, daß hier im Zentrum Tibets die Religion und die weltliche Ordnung sowohl von innen als auch von außen angegriffen werden. Wenn wir unser eigenes Land nicht schützen können, wird es geschehen, daß die Bewahrer des Glaubens, der Dalai und der Panchen Lama, der Vater und der Sohn, die glorreichen Reinkarnationen, erniedrigt werden und namenlos zurückbleiben. Die Ländereien und andere Besitztümer der Klöster und Mönche werden zerstört werden. Alle Lebewesen werden in großer Not und überwältigender Angst versinken; die Tage und Nächte werden sich in Qual vollziehen."

Das Ausmaß des Elends und des Leides, in dem dieses Volk seit über vierzig Jahren leben muß, ist erdrückend. 1950 sind die Chinesen in Tibet einmarschiert. 1959 ist der Dalai Lama ins Exil gegangen. Zwischen 1950 und 1980 hat ein Sechstel der gesamten tibetischen Bevölkerung, das heißt über eine Million Tibeter, durch die Folgen dieser Invasion ihr Leben verloren: 175 000 kamen in den Gefängnissen um, 156 000 durch Massenhinrichtungen, 413 000 verhungerten während der „Agrikultur-Reformen", 92 000 starben unter der Folter, 10 000 begingen Selbstmord (Tibet, l'envers du décor, Hrsg. Olivier Moulin, 1993, S. 7 ff.).

Über 6 100 Klöster sollen zerstört worden sein. Die Tibeter haben dadurch ihre religiösen Zentren verloren. Durch die kommunistische Agrarreform und die ihr folgende Mißwirtschaft kam es zum erstenmal in Tibets Geschichte zu Hungersnöten, sollen Bodenschätze geplündert, zahlreiche Tier- und Pflanzenarten ausgerottet und die Umwelt durch Atommüllager gefährdet worden sein. In der ehemaligen „Friedenszone" sind heute Atomraketen stationiert. Pekings Umsiedlungspolitik hat dazu geführt, daß die Chinesen heute mit 7,5 Millionen gegenüber 6 Millionen Tibetern schon in der Überzahl sind in diesem Land. Schien Tibet früher trotz seiner Größe von 2,5 Millionen Quadratkilometern (ungefähr so groß wie ganz Westeuropa) am Rande des Weltgeschehens zu liegen, so haben vor allem die Auftritte und der unermüdliche Einsatz des Dalai Lamas im Ausland und die zahlreichen Tibet-Organisationen das weltweite Intresse für das unterdrückte Land geweckt.

Die Wiedergeburt durchbricht alle Schranken

Das alte Tibet wird von westlichen Autoren gerne als „feudal" und „theokratisch" bezeichnet. Beide Begriffe lassen sich jedoch nicht ohne weiteres auf die buddhistische Gesellschaftsordnung übertragen. Auch die Vorstellung der Reinkarnation fällt ganz aus dem Rahmen europäischer Vorstellungen. Sie durchbricht die hierarchischen Strukturen und wird zu einer Kraft der ausgleichenden Gerechtigkeit. Heute würde man vielleicht sagen, daß es hier keinen ausgeprägten Gegensatz zwischen Chancen- und Ergebnisgleichheit gibt – wie im westlichen Denken. Einen besseren Platz im Leben, sei es als Tulku oder als Aristokrat, erbt man nicht zufällig. Man hat ihn sich selbst durch die guten Taten in einem früheren Leben erworben.

Trotz seiner hohen idealen Vorstellungen war auch Tibet nicht frei von Ungerechtigkeiten, Korruption und Mißbräuchen (Clemens Ludwig, Tibet, 1989, S. 57). Das Streben nach Erlösung ist ein machtvolles Motiv für wirtschaftliches Handeln, meint der amerikanische Soziologe Melford E. Spiro im Anschluß an Max Weber. Leicht ironisch fügt er hinzu, statt „das viele Geld für überflüssige Geschenke an die Mönche" (er denkt dabei an Birma), hätte man damit die Sozialleistungen und das Schulsystem verbessern können (Hans Küng, Christentum und Weltreligionen, S. 500).

Der sogenannte „ursprüngliche" Buddhismus wurde eigentlich von westlichen Intellektuellen wiederentdeckt. Mit den politischen Ideologien des Westens aber gibt es nur wenige Berührungspunkte. Es geht der Lehre Buddhas nicht darum, den Staat und die gesellschaftliche Ordnung zu verändern. Das große Ziel ist allein die Erlösung aus dem leidvollen irdischen Dasein und das Bemühen um Frieden unter den Menschen. Eine gewisse Ausnahme bildet allerdings die Begegnung mit dem Marxismus. Seit 1948 ist wiederholt versucht worden, die beiden Lehren auf einen Nenner zu bringen. Dabei handelt es sich natürlich nicht um den „real existierenden Sozialismus", wie er in der früheren Sowjetunion bestanden hat und in China noch besteht. Die Debatte gilt vielmehr dem Marxismus als einer umfassenden Weltanschauung, die mit dem Anspruch angetreten ist, die Gesellschaft radikal zu verändern.

Die Marxisten kennen wie die Buddhisten keinen allmächtigen Schöpfergott. Sie wollen die Wirklichkeit, wie sie sagen, wissenschaftlich analysieren. In diesem Punkt scheinen sie ähnlich wie die Buddhisten zu denken. Auch in den alten buddhistischen Königreichen kennt man kein Grundeigentum, Alleinbesitzer ist der Staat, vertreten durch den König. In Anwendung der Lehre von den „doppelten Wahrheiten", die vom buddhistischen Philosophen *Nāgārjuna* entwickelt wurde, sehen die modernen Buddhisten den Marxismus als „niedere" und den Buddhismus als „höchste" Wahrheit an.

Die niedere marxistische Wahrheit soll dazu dienen, eine gerechte Gesellschaft entstehen zu lassen, die dem buddhistischen Idealstaat gleicht. Durch die Reinkarnation entsteht auch eine klassenlose Gesellschaft, weil sie alle politischen, sozialen oder nationalen Schranken übersteigt. Durch sie soll die Menschheit zu einer großen universalen Gemeinschaft werden, die dem marxistischen Ideal recht nahe kommt (Quellen: Marxismusstudien, Sechste Folge; Heinz Bechert, S.43 ff; By Huitzi, Lungta 7, 1991).

Auf seine politischen Ansichten angesprochen, sagt der Dalai Lama, er sei nach wie vor auf dem Feld der Wirtschaft „Sozialist". In den fünfziger Jahren wollte er sogar einmal Mitglied der Kommunistischen Partei Chinas werden. In seiner Biographie „Das Buch der Freiheit" schreibt er: „Je mehr ich mich mit dem Marxismus beschäftigte, desto besser gefiel er mir. Hier war ein Gesellschaftssystem, das auf Gleichheit, Gerechtigkeit für alle beruhte und das ein Allheilmittel gegen die Übel der Welt zu sein versprach." Den einzigen theoretischen Nachteil im Marxismus sieht er im „rein materialistischen Verständnis der menschlichen Existenz". Auch heute ist er noch davon überzeugt, daß eine Synthese zwischen Buddhismus und Marxismus möglich sein müßte, „um daraus einen wirksamen Weg politischen Handelns zu entwickeln" (Das Buch der Freiheit, S. 105 ff.).

Ein grundlegender Unterschied zum Marxismus besteht sicher in der Frage der Gewaltanwendung. *Ahimsā,* der Verzicht auf jede Gewalt, und die Revolutionstheorie lassen sich kaum vereinen. Nach der marxistischen Vorstellung ist die Welt nicht harmonisch, sondern antagonistisch, erst durch den Klassenkampf wird die Ungerechtigkeit überwunden. Der Buddhist hat Hemmungen, gegen sozial ungerechte Zustände zu revoltieren, weil er nach der Reinkarnationslehre davon ausgeht, daß er die Ungerechtigkeit, die ihm widerfährt, selbst verschuldet hat. Durch ein Aufbegehren gegen die Ungerechtigkeit würde er das nächste Leben erneut mit Schuld belasten. Jedoch hat sich das Mitte der achtziger Jahre geändert. Die Tibeter, ein in vorbuddhistischen Zeiten kriegerisches Volk, haben sich vergeblich in verschiedenen, von den Chinesen blutig niedergeschlagenen Aufständen zu wehren versucht.

By Huitzi ist der Ansicht (Lungta 7), daß sich die Theorie der Gewaltlosigkeit nicht mit letzter Konsequenz durchhalten lasse. Im Falle Tibets hofft man natürlich, daß die chinesischen Machthaber durch ein hereinbrechendes politisches Chaos zum Rückzug gezwungen werden könnten. So erscheint Huitzi das Bekenntnis zur Gewaltlosigkeit als die Hoffnung der Schwachen, die selbst über keine Armee verfügen. Den Krieg sollen die anderen führen. Eine ähnlich widersprüchliche Haltung sieht er darin, daß die Tibeter zwar selbst keine Tiere töten, aber doch gerne das Fleisch von nicht buddhistischen Metzgern kaufen und essen.

Ganz unabhängig vom *Ahimsā* gibt es für den Dalai Lama noch andere sehr realistische Gründe, in der Auseinandersetzung mit China am Grundsatz der Gewaltlosigkeit festzuhalten. Er ist sich im klaren, daß auch die mutigsten Tibeter nichts gegen die chinesischen Machthaber ausrichten können. Es habe ihn sogar tief bewegt, zu hören, wie er in seiner Biographie schreibt, mit welchem Todesmut 1958 tibetische Freiheitskämpfer die überlegenen chinesischen Streitkräfte angegriffen hätten.

Schopenhauer, der „Buddhaist"

Jahrhundertelang hat Europa vom Buddhismus nur eine sehr vage Vorstellung gehabt. Die ersten noch recht ungenauen buddhistischen Kenntnisse stammen von missionierenden Jesuiten. In Deutschland ist es Gottfried Wilhelm Leibniz (1646–1716) der sich als erster mit der buddhistischen Lehre beschäftigte; doch manches hat er falsch gedeutet. Martin Baumann meint, daß nicht nur bei Leibniz, sondern auch bei nachfolgenden Denkern und Dichtern von Kant bis Nietzsche durch die „spärliche Quellenlage" viele Mißverständnisse entstanden sind. Sie alle deuten den Buddhismus als eine Lehre vom „Nichts", in der es hauptsächlich um das „Leiden" geht (Martin Baumann, Deutsche Buddhisten, 1993, S. 44 ff).

Durch die Schriften von Arthur Schopenhauer (1788–1860), der sich selbst einen „Buddhaisten" nennt, beginnen sich immer weitere Kreise für die Lehre Buddhas zu interessieren. Schopenhauer glaubt sich durch die buddhistischen Schriften in seinen eigenen Anschauungen bekräftigt. Er soll auch der erste Deutsche gewesen sein, der eine Buddhastatue bei sich zu Hause aufgestellt hatte. Anfang dieses Jahrhunderts entwickelt sich eine eigenständige „Deutsche Buddhologie" in Akademikerkreisen. Nun entstehen auch deutsche buddhistische Gesellschaften.

Die ersten Buddhisten Deutschlands sind also Deutsche und keine Asiaten. Sie bemühen sich, im umfangreichen buddhistischen Schrifttum die „ursprüngliche Lehre" Buddhas aufzufinden. Für sie wird das geschriebene Wort maßgebend. Der Buddhismus erscheint ihnen als eine „Religion der Vernunft und der Humanität", die sie einem zu dogmatisch gewordenen Christentum entgegenstellen. Philosophen, Künstler und Schriftsteller heben die buddhistische ethische Weltsicht und die tiefe Weisheitslehre hervor – Kirchenleute und Politiker dagegen sprechen von einem „vernichtenden Nihilismus" und einem „trostlosen Pessimismus" (Baumann, S. 366).

Ein buddhistischer Neubeginn?

Im Jahr 1952 läßt sich der *Arya-Maitreya-Mandala-Orden* (AMM) in Deutschland nieder. Er ist 1933 vom deutschen *Lama Anagarika Govinda* (L. E. Hoffmann) gegründet worden. Der Orden lehnt sich an keine geschichtliche buddhistische Schule an, sondern will einen zukunftsorientierten Buddhismus in den Westen bringen. Deshalb bezieht er sich besonders auf den *Buddha Maitreya*, der erst noch kommen soll, und hofft auf die „große Chance eines buddhistischen Neubeginns im Westen". Mit Hilfe von religiösen buddhistischen Übungen soll jeder sein „universelles Tiefenbewußtsein" erfahren können. *Lama Govinda* will vor allem die Kernpunkte der verschiedenen Schulen miteinander vereinen (M. Baumann, S. 153 ff). Seit 1958 werden alle buddhistischen Gesellschaften von der *Deutschen Buddhistischen Union* (DBU) vertreten, 1991 waren es 27 Organisationen und Gruppen. Die Asiaten sind der DBU bisher nicht beigetreten. Zur Zeit soll es in Deutschland ungefähr 20 000 deutsche und 40 000 asiatische Buddhisten geben.

In den sechziger Jahren setzt in den USA ein regelrechter „Zen-Boom" ein, der sich auch auf Deutschland auswirkt. Bekannt werden die Schriften und psychologischen Deutungen des Zen-Buddhismus von D. T. Suzuki, Erich Fromm und C. G. Jung. Die Bücher des Jesuitenpaters H. M. Enomiya-Lassalle und des Philosophen und Therapeuten Karlfried Graf von Dürckheim wecken das Interesse an der Zen-Meditation. Mit der Hippiebewegung kommt der „Beat-Zen" und eine Schwärmerei für alles Indische in Mode. In den siebziger und achtziger Jahren entstehen immer mehr Gruppen, denen es nicht mehr wie der Achtundsechziger-Bewegung um eine politische Veränderung der Gesellschaft, sondern um das eigene Seelenleben geht.

Nach der Flucht des Dalai Lamas und hoher tibetischer Würdenträger 1959 beginnt sich auch der tibetische Buddhismus in Deutschland zu verbreiten. In den fünfziger Jahren hat besonders der Österreicher Heinrich Harrer durch die eindrücklichen Schilderungen seines siebenjährigen Tibet-Aufenthaltes in Europa eine lebhafte Anteilnahme für den fernen Himalaja-Staat geweckt. 1966 entsendet der Dalai Lama zur Betreuung der mongolischen Kalmücken *Geshe Lobsang Dargyay* nach München.

Im Jahr 1968 wird für die rund tausend Tibeter im Schweizer Exil das „Klösterlich-Tibetische-Institut" in Rikon eingeweiht, das unter anderem von *Geshe Rabten,* dem persönlichen Berater des Dalai Lamas, geleitet wurde. Weil die Tibeter einfache und anpassungsfähige Menschen sind, konnten sie sich gut in der Schweiz einleben und doch ihre Tradition bewahren. Die jungen Tibeter haben da größere Schwierigkeiten. Oft sprechen sie kein Tibetisch und müssen in eigenen Sommerkursen am Mont Pèlerin dazu angeleitet werden. Von den etwa 500 Tibetern, die von Schweizer Familien adoptiert worden sind, wurden manche sogar drogenabhängig und haben in einigen Fällen Selbstmord begangen. 1973 reist der Dalai Lama zum ersten Mal selbst nach Europa. In den siebziger Jahren beginnen Lamas damit, auch in Deutschland tibetische Zentren zu gründen und Vorträge zu halten. Die farbenprächtigen und klangvollen Andachten ziehen besonders junge gebildete Leute an.

Martin Baumann meint, daß man sich in Deutschland seit Anfang des Jahrhunderts vor allem mit der buddhistischen Philosophie befaßt habe. In den sechziger Jahren sei dann zunehmend die Beschäftigung mit der Meditation hinzugekommen. So habe das Interesse zunächst vor allem dem „Kleinen Fahrzeug" gegolten, dann dem „Großen Fahrzeug". In letzter Zeit habe besonders das tibetische „Diamant- Fahrzeug" Anklang gefunden.

In den achtziger Jahren haben die buddhistischen Gruppen in Deutschland begonnen, ihre Weltanschauung in die Umweltbewegung einzubringen. Sie kritisieren – wie andere – das Verhalten der Konsumgesellschaft als ein „Begehren, das der Verblendung unterlegen ist", und fordern die „radikale Selbstverantwortung des einzelnen". Besonders die Massentierhaltung und die Vivisektion sind mit der buddhistischen Ethik unvereinbar, die Mensch und Tier gleichstellt (Baumann, S. 64).

Sinnkrise im Westen

Der große Anklang, den die buddhistische Lehre in Europa und Amerika findet, ist ein Zeichen zunehmenden Austausches zwischen den Kulturen. Aber das große Interesse am Buddhismus spiegelt auch die geistige Krise des Abendlandes wider. Die Wurzeln dieser Krise lassen sich bis in die Aufklärung zurückverfolgen. Im letzten Jahrhundert beeindruckte die pessimistische Weltsicht von Schopenhauer viele seiner Zeitgenossen. Er ist von der Sinnlosigkeit der Weltgeschichte überzeugt und löst eine wahre pessimistische Woge in der europäischen Literatur aus. Schopenhauer verneint den Willen zum Leben und sehnt sich, vom Buddhismus beeinflußt, nach dem *Nirvāna.* Heute weiß man jedoch, daß seine buddhistischen Vorstellungen nicht ganz der Lehre Gautamas entsprechen.

Auch Nietzsche hat in seinem „Willen zur Macht" diesen Nihilismus" bereits vor hundert Jahren kommen sehen. „Was bedeutet Nihilismus?" fragt er und antwortet: „Daß die obersten Werte sich entwerten. Es fehlt das Ziel. Es fehlt die Antwort auf das ‚Wozu' ... Der ganze Idealismus der bisherigen Menschheit ist im Begriff, in Nihilismus umzuschlagen – in den Glauben an die absolute Wertlosigkeit, das heißt Sinnlosigkeit" (Wille zur Macht, S. 1).

Nach dem Zweiten Weltkrieg hat sich eine starke materialistische Denkweise durchgesetzt und die geistige Krise noch verstärkt. In unserer Wohlstandsgesellschaft mit ihrem ausgeprägten Individualismus und Subjektivismus, ihren Sehnsüchten und Träumen von Selbstverwirklichung, macht sich immer mehr ein Gefühl der Leere und Sinnlosigkeit breit. „Wir leiden heute an einem ‚neurotischen Nihilismus', der sich in Alkoholismus, Drogensucht und Kriminalität äußert", meint der Kulturphilosoph Wolfgang Kraus. Hektik, Streß und Vereinsamung nehmen in der Massengesellschaft weiter zu (Wolfgang Kraus, Nihilismus heute, S. 118).

Ein Supermarkt für Sekten

Die christlichen Kirchen scheinen diese Herausforderung nicht wirklich aufzunehmen und ihr durch eine innere Erneuerung entgegenzutreten. Dazu kommt die antiinstitutionelle Einstellung gegenüber den Kirchen, die mit der Achtundsechziger-Revolte begonnen hat. Obwohl „Neureligiöse Sekten" zahlenmäßig nicht sehr gewichtig sind, verstärken sie doch den Eindruck eines „Hyperangebotes von religiösen Möglichkeiten, auf einen Supermarkt der Religionen und Sekten". Die religiöse Identifikation wird dadurch erschwert. „Es gibt Menschen, die gleichzeitig einer katholischen Gemeinde angehören, an Transzendentaler Meditation teilnehmen und sich nach Horoskopen richten", meint der evangelische Sozialethiker Roland Campiche aus Lausanne im Gespräch mit der Verfasserin (Die Furche, 23. 8. 1990).

Diese Verunsicherung machen sich viele Sekten mit neuen Führergestalten und Gurus zunutze. Sie versprechen ihren nach Lebenssinn suchenden Anhängern Orientierung und Selbstfindung durch vermeintlich „neue esoterische Lehren". Dabei nimmt man im großen „synkretistischen Mischmasch" auch gerne Anleihen beim Tibetischen Buddhismus mit seinen Tantras und Mantras auf (Karma-Cola, G. Metha). Gonsar Rinpoche, der Leiter des spirituellen Zentrums am Mont Pèlerin, meint: „Solche Dinge nützen wenig und haben mit einer ernsthaften geistigen Entwicklung nichts zu tun. Bei uns geht es in erster Linie um Ethik, nicht um Esoterik."

Viele fühlen sich in unserer Massengesellschaft einsam und vereinzelt. Sie lassen sich durch ein vermeintlich inniges Gruppengefühl von solchen Sekten anlocken. Oft aber ist der Preis für einen „Seelentrip ins Glück" völlige Abhängigkeit und die Trennung von Familie und Freunden. In manchen Fällen tragen die Anhänger sogar schwere seelische Schäden davon. Weil immer öfter versucht wird, die „Neuen Religiösen Bewegungen" mit dem Buddhismus gleichzusetzen, haben sich die Buddhisten wiederholt von verschiedenen pseudo-buddhistischen Sekten abgegrenzt. Sie haben sich mit Recht dagegen gewehrt, als „Sekte" oder „Jugendreligion" betrachtet zu werden.

An ihren Früchten sollt ihr sie erkennen

Auch offene Bewegungen wie das „New Age" meinen Antworten auf die geistige Krise des Westens bei den Botschaften des Fernen Ostens zu finden. Östliche Spiritualität, der Versuch, ein planetares Bewußtsein zu entwickeln, soll zu einer Vergeistigung der „neuen Menschheit" führen. Man meint, die oberflächliche und leere Welt des Konsums (Kaufen macht glücklich!) durch diese „neue", vertiefte und vergeistigte Weltsicht hinter sich lassen zu können. Das von Descartes und Newton geprägte „mechanistische Weltbild" soll von einer ganzheitlichen Weltsicht abgelöst werden. Gott wird zum Lebensprinzip, zur Urenergie des Kosmos.

Weil man durch die Meditation Harmonie und Frieden für die ganze Welt zu finden hofft, erscheint in dieser Bewegung ein konkretes politisches Engagement oft als überflüssig. Der wachsenden Umweltkrise sucht man durch ein neues Einheitsgefühl mit der Natur und die Vorstellung einer allgemeinen Vernetzung zu begegnen. Auch in der New-Age-Spiritualität lehnt man sich gern an den Buddhismus an.

Auf dem Hintergrund großer politischer, ökonomischer und ökologischer Herausforderungen ist allen diesen Strömungen ein geringes Problembewußtsein und eine mangelnde Selbstkritik gemeinsam. „Mit einer Wiederverzauberung der Welt und einer Collage aus fernöstlichen Weisheitslehren, Quantenphysik und

Meditation läßt sich diesen Krisen nicht gegensteuern", schreibt Hans-Joachim Höhn im „Lexikon der Sekten, Sondergruppen und Weltanschauungen" (Hrsg. H. Gasper u. a., 1994, S. 647).

Vorläuferin vieler dieser Bewegungen ist die aus dem letzten Jahrhundert stammende Theosophie mit ihrer Gründerin Helena P. Blavatsky. Ihr „Esoterischer Buddhismus" ist eine Mixtur von Christus, Lord Maitreya, dem Buddha der Zukunft, und der „Großen weißen Bruderschaft" für das kommende Wassermannzeitalter. „Alle diese Theorien sind wunderbar, aber der Beweis, ob sie einem Menschen wirklich geholfen haben oder ob sie schließlich doch nur seinem Egoismus dienen, erweist sich immer erst an den guten Werken", sagte Carl Friedrich von Weizsäcker zur Verfasserin (MUT, Nr. 299, Juli 1992).

Liebe und Mitgefühl

Der Dalai Lama betont immer wieder, daß es ihm nicht darum geht, den Westen zu „buddhisieren". Er ist davon überzeugt, daß das Christentum auch in der Zukunft die Religion des Westens bleiben wird. Viele der neuen religiösen Bewegungen können sich kaum auf den Dalai Lama berufen, der sich zwar für einen Dialog unter den Religionen einsetzt, von einer einheitlichen und diffusen Weltreligion aber wenig hält. Sein politisches Verantwortungsgefühl gegenüber dem unterdrückten tibetischen Volk läßt ihn am mühsamen Geschäft der Politik teilnehmen. Er gilt heute als einer der größten buddhistischen Gelehrten überhaupt.

Der Dalai Lama meint, der westliche Mensch könne vom Buddhismus und seinen vielen Meditationsübungen besonders lernen, sich in der Liebe und im Mitgefühl zu üben, niemandem zu schaden und anderen Menschen zu helfen. „Wir mögen Politiker sein, Geschäftsleute, Kommunisten, Wissenschaftler, Ingenieure, was auch immer – sobald wir mit unserem Tun auf die Gesellschaft einwirken, sind Liebe und Mitgefühl entscheidend. Jeder von uns trägt für die ganze Menschheit Verantwortung."